인류를 지탱해온 오래된 물음

빅퀘스천

빅퀘스천

SBS Biz 기획·제작

인류를 지탱해온 오래된 물음

BIG QUESTION

김병규　김은혜　나태주　류재언　전영수　정호승　최연호　자청

너와숲

우리 인생이라는 게,
뭔지 모르고 사는 겁니다

"어떻게 해야 행복하게 살 수 있을까?" 한동안 제 머릿속을 떠나지 않던 '빅퀘스천'입니다. 10년차 직장인, 애 둘 아빠라는 타이틀이 점점 무겁게 느껴졌기 때문이었을까요. 행복하게 사는 법, 돈 많이 버는법, 자유롭게 사는 법을 찾아 헤매는 날들이 이어졌습니다.

하지만 그럴수록 '행복'은 오히려 멀리 달아나는 것 같았습니다. '인생이란 뭘까?' '앞으로 나는 어떻게 살아가야 할까?' 같은, 생전 해보지 않은 질문들이 하루에도 몇 번씩 떠올랐습니다. 사춘기가 왔나 싶었습니다. (이제 곧 마흔인데……)

심리적 방황의 시기였던 2022년, <빅퀘스천>이라는 프로그램의 제작을 맡게 됐을 때 저는 연사들께도 여지없이 제 고민이 담긴 질문을

foreword

던졌습니다. 동시에, 한 분 한 분의 메시지가 저와 같은 생각을 하고 계실 시청자들께도 좋은 계기가 되길 바라며 영상을 만들었습니다.

"우리 인생이라는 게, 뭔지 모르고 사는 겁니다." 저는 이 한마디가 참 좋았습니다. "이것만 알면 돼!"라고 외치는 그 어떤 콘텐츠보다 더 큰 울림으로 다가왔습니다. "힘들지? 인생이 원래 그런 거야. 지금도 충분히 잘하고 있잖아. 너무 애쓰지 마"라며 위로와 격려를 보내주시는 듯했습니다. '풀꽃 시인' 나태주 선생님의 이야기입니다.

주제와 분야를 넘나들었던 <빅퀘스천>이지만, 결국 화두는 하나였습니다. "어떻게 살 것인가?" 여러분은 어떤 '빅퀘스천'과 함께 살아가고 계신가요? 이 책에 담긴 여덟 분의 이야기가 독자들께 조금이라도 힘이 되었으면, 인생의 고민을 덜 수 있는 기회가 되었으면 좋겠습니다.

<빅퀘스천>을 빛내주신 최연호 교수님, 나태주 시인님, 한의사 김은혜 연구원님, 류재언 변호사님, 전영수 교수님, 김병규 교수님, 자청

(송명진) 대표님, 정호승 시인님. 낯선 촬영 환경 속에서도 멋진 강연 펼쳐주신 데 다시 한번 감사드립니다.

앞으로도 여러분과 꾸준히 소통하는 <빅퀘스천>이 되겠습니다. 감사합니다.

허원준 PD

foreword

삶을
통찰하는 지혜

살다 보면 어쩌지 못하고 울컥하게 되는 순간들이 있습니다. 문득 세상에 혼자 남겨진 것 같을 때, 뜻하지 않은 삶의 굴곡을 마주하게 됐을 때, 인생의 갈림길 앞에서 어느 쪽을 선택해야 할지 갈팡질팡할 때, 굳게 다져왔던 삶의 가치관이 흔들릴 때…… 이렇게나 힘든 순간은 수시로 찾아옵니다.

그때마다 저는 삶이 던져준 미궁의 질문 앞에서 방황해야 했습니다. 그래도 마흔쯤 되면 그 어떤 질문이든 모범 답안을 찾을 수 있을 거라 생각했는데, 그저 꿈이었던 걸까요, 아니면 너무 자만했던 걸까요. 갈수록 질문은 더 어렵게 느껴지고, 답은 쫓을수록 멀리 달아났습니다.

그렇게 인생의 수많은 질문지를 받아 들고 헤매고 있을 때, <빅퀘

스천>이란 프로그램을 만났습니다. <빅퀘스천>이라는 이름 뒤에 숨어
각계각층의 명망 있는 연사들에게 공식적으로 질문할 수 있는 기회를
갖게 된 것이죠. 그야말로 엄청난 행운이었습니다. 누구보다 깊이 사색
하고 통찰하고 고민하며 살아오신 연사들은 기꺼이 또 아낌없이 자신
의 답안지를 내어주셨습니다.

통찰하는 삶의 지혜를 알려주신 최연호 교수님, 행복의 참된 의미
를 아름다운 시어로 답해주신 나태주 시인님, 행복한 죽음을 준비하는
방법을 알려주신 김은혜 교수님, 수많은 관계 속에서 신뢰받는 사람으
로 살아가는 길을 제시해주신 류재언 변호사님, 인구 감소 시대의 변화
를 짚어주신 전영수 교수님, 책을 읽고 실행하는 삶이 어떤 변화를 가
져오는지 그 기적을 보여준 자청 작가님, 중독에 이끌려 다니지 않는
삶의 중요성을 깨우쳐주신 김병규 교수님, 죽음과 고통의 본질이 곧 행
복임을 통찰의 언어로 알려주신 정호승 시인님까지 한 분 한 분이 그
자체로 모범 답안지가 되어주셨습니다.

foreword

빅퀘스천

저의 고민이자 이 시대를 살아가는 모두의 고민을 놓고 함께 답을 구할 수 있었던 <빅퀘스천>은 매회 거듭할수록 선물 같은 시간이 되었습니다. 이 자리를 빌려 기꺼이 강연을 허락해주신 연사들께 다시 한번 감사드립니다. 혹시 저처럼 인생의 한 고비를 넘기며 방황기를 겪고 계신 분들이 계신가요? 삶의 좋은 지침이 되어줄 인생의 멘토가 절실히 필요한 분들도 분명 있으시죠? 그런 분들께 바로 이 책이 좋은 선물이라 될 거라 확신합니다.

각자 인생에서 풀어내야 하는 수많은 '빅퀘스천'과 그 모범 답안을 찾아갈 수 있는 길이 책 속에 열려 있으니까요. 여러분 모두 이 책을 통해 자신만의 길을 찾아 행복한 삶의 여정을 이어가시길 바라겠습니다. 그로 인해 매일 더 자주 행복해지시길 바랍니다.

최보윤 작가

차례

Question 1

중독 경제 시대, 어떻게 살 것인가? ············· 014
김병규

스마트폰을 손에서 놓지 못하는 이유 ✦ 중독이 돈이 되는 시대 ✦
집중에도 기술이 필요하다 ✦ 물렀거라, 지름신 ✦ 스마트폰 시대의 자녀 교육,
막는 게 능사는 아니다 ✦ 중독의 시대, 스마트폰과 살아가는 법을 배워라

Question 2

죽음을 어떻게 받아들일 것인가? ················· 052
김은혜

'웰다잉', 죽음을 묻다 ✦ 잘 죽기 위한 첫 걸음 ✦ 웰다잉, 현실을 받아들여라 ✦
잘 죽기 위한 준비는 결국 잘 살아내는 법을 익히는 과정

중독 경제 시대, 어떻게 살 것인가?

인류를 지탱해온 오래된 물음

김병규

요즘 스마트폰에 중독된 사람들이 정말 많죠? 인스타그램이나 페이스북 같은 소셜 네트워크(SNS) 앱에 들어가 몇 시간씩 사진 구경을 하는 사람들도 있고, 밤마다 침대에 누워서 몇 시간씩 제품 구경을 하다가 잠이 드는 사람들도 많습니다. 유튜브가 자동으로 추천해주는 동영상을 하루 종일 보고 있는 사람들도 많죠. 우리가 원하는 시간에만 쓸 수 있으면 스마트폰은 정말 좋은 기기입니다. 그런데 그러기가 참 어렵습니다. 그만 써야지 하다가도 다음 날이 되면 자동적으로 손이 스마트폰에 가서 계속 들여다보고 있게 되죠.

보상회로 Reward Pathway

우리 뇌에는 보상 행동을 담당하는
보상회로가 있는데, 이 회로는 자연 보상분
아니라 약물 같은 인위적인 보상 자극에
의해서도 활성화되며 기쁨, 동기 부여, 감정
조절, 운동 등에 관여하는 도파민을 분비하여
기쁨과 쾌감을 느끼게 합니다.

스마트폰을 손에서 놓지 못하는 이유

사실 우리가 스마트폰에 쉽게 중독되는 이유가 있습니다. 사람의 뇌에는 보상회로라는 게 있어요. 우리에게 가치 있는 것, 생존에 도움이 되는 것, 이런 것에 반응하는 영역이에요. 예를 들어서 맛있는 음식을 먹거나 술을 마시거나 아니면 다른 사람들로부터 받는 따뜻한 사랑이나 칭찬, 돈, 운동 이런 것들에 반응하는 영역이지요. 이 보상회로가 강하게 자극 받으면 중독이 생기는 거예요. 마약은 보상회로를 아주 강하게 자극하는 극단적인 경우입니다. 꼭 마약이 아니더라도 음식이나 술, 사람, 운동도 보상회로를 강하게 자극하며 중독을 만들어냅니다. 그래서 음식 중독도

생기고, 사랑 중독도 생기고, 운동 중독도 생기는 것이지요.

보상회로라는 게 정말 무섭습니다. 캐나다 심리학자들이 이런 실험을 한 적 있어요. 쥐의 머리에다가 전기 막대기를 꽂았어요. 쥐들이 직접 자기 보상회로를 자극할 수 있게 해준 거예요. 그랬더니 쥐들이 먹지도 않고 잠도 안 자고 계속 스위치를 누르고 있었다고 합니다. 어떤 쥐는 한 시간에 7000번이나 스위치를 눌렀어요. 또 수컷 쥐들은 암컷 쥐에게 더 이상 관심을 보이지 않았고, 암컷 쥐들은 갓 태어난 새끼를 전혀 돌보지 않았습니다. 심리학자들은 쥐들이 굶어 죽는 것을 막기 위해 전기 막대기를 떼어낼 수밖에 없었어요. 사람에게는 이런 일이 생기기 어렵겠죠. 그래서 사람은 실험실의 쥐와는 다르게 하루 종일 자기 보상회

제임스 올즈 & 피터 밀러의
실험 (1953년)

한 시간에 7000번이나
스위치를 눌렀대요.

쥐는 보상회로를 자극하기
위해서 계속 스위치를 눌렀다.

로를 자극하는 게 불가능했습니다. 근데 이게 가능해진 거예요. 바로 스마트폰 때문입니다.

스마트폰 안에는 사람의 보상회로를 자극하는 것들이 정말 가득합니다. 소셜 네트워크 앱에 들어가보세요. 사진을 올리면 다른 사람들의 칭찬이나 인정을 굉장히 쉽게 받을 수 있어요. 쇼핑 앱에 들어가면 깜짝 할인이나 깜짝 선물을 많이 받을 수 있지요. 또 게임을 하다 보면 남들이 부러워하는 굉장히 희귀한 아이템을 손에 넣을 수 있고, 남들보다 높은 계급도 얻을 수 있어요. 이런 것들이 전부 다 보상회로를 강하게 자극하는 것들입니다. 그렇다 보니 사람들이 스마트폰을 손에서 놓지 못하고 계속 잡고 있는 거예요. 그런데 한 가지 굉장히 중요한 사실이 있습니다. 스마트폰이 처음부터 이렇게 중독성이 강했던 게 아니었다는 점이에요.

중독이 돈이 되는 시대

스마트폰이 처음 나온 건 2000년대 후반입니다. 그때는 스마트폰이 기존 핸드폰하고 별로 차이가 없었어요. 중독성이 전혀 없었지요. 최근 들어 스마트폰의 중독성이 굉장히 강해지기 시작한 거예요. 왜 이런 일이 발생했는지 결론부터 말씀드리면 지금은 많은 기업에 중독이 가장 중요한 비즈니스 모델이 되었기 때문입니다. 스마트폰 앱들을 누가 만들죠? 기업들이 만듭니다. 그리고 이 기업들의 상당수가 사실은 광고 사업자들이지요. 스마트폰 앱을 이용하다 보면 나오는 광고 자리를 판매해서 돈을 버는 기업들이에요. 아마존이나 페이스북(현 메타플랫폼스), 유튜브, 구글 등 미국 빅테크 기업들은 모두 광고 사업자들입니다. 한

국의 쿠팡이나 네이버, 배달의 민족도 모두 사실은 광고 사업자들입니다. 이들뿐만이 아니에요. 앱을 만드는 회사들은 대부분 광고가 주 수입원입니다. 이런 회사들이 광고를 통해 돈을 벌려면 많은 사람들이 앱을 사용해야 되겠죠. 중독을 목표로 할 수밖에 없는 거죠.

한마디로 지금 많은 기업들에 스마트폰 중독은 가장 중요한 비즈니스 모델입니다. 쉽게 설명하면, 중독이 황금알을 낳는 거위가 된 거지요. 이처럼 많은 기업들이 스마트폰 중독을 목표로 하는 데는 이유가 있습니다. 기업들은 돈을 벌기 위해서 스마트폰 중독을 만들어낼 수밖에 없는 상황입니다. 그 결과, 사람들이 일상 속에서 쉽게 스마트폰에 중독되는 시대가 된 것이지요. 이런 점에서 지금은 중독 경제 시대라고 말할 수 있습니다.

　중독 경제 시대에 기업들은 끊임없이 새로운 중독 장치들을 만들어내고 있는데요. 제가 몇 가지 소개해드리겠습니다. 그중 하나가 페이스북이나 인스타그램의 '좋아요' 버튼입니다. 이소셜 네트워크 앱에 들어가서 사진을 올리면 사람들이 '좋아요' '좋아요' 칭찬해줍니다. 너무 신나지요. 일상에서는 칭찬을 받기가 어려운데 스마트폰 앱 안에서는 칭찬을 받기가 정말 쉽습니다. 그러니까 우리가 쉽게 중독될 수밖에 없는 거죠. 쇼핑 앱 안에도 중독을 만드는 장치가 굉장히 많습니다. 쇼핑 앱에 들어가면 날마다 깜짝 선물, 깜짝 할인을 받아요. 당연히 중독될 수밖에 없지요. 이런 것은 아주 일부에 불과합니다.

　중독 경제 시대에 테크 기업들은 끊임없이 중독 장치들을 만들어내고 있습니다. 그래서 우리가 일상 속에서 쉽게 중독되고 있는 것이지요. 그렇다고 스마트폰에 중독된 채 계속 살아갈 수는 없습니다. 스마트폰 중독이 심해지면 많은 시간을 낭비하게 되고요, 또 많은 돈을 낭비하게 됩니다. 그래서 이 중독 경제 시대를 잘 살아가는 법에 대해서 이야기해보려고 합니다.

집중에도 기술이 필요하다

우선 중독 경제 시대의 자기 관리법입
니다. 중독 경제 시대에는 자기 관리
를 하거나 원하는 목표를 달성하기가 좀 어
렵습니다. 자기 관리를 하거나 목표를 달
성하기 위해서는 많은 시간 노력을 해야 하는
데, 그렇게 하려면 당연히 힘이 들 수밖에 없습
니다. 반면에 스마트폰 안에는 쉽게 얻을 수 있는 즐거움이
굉장히 많죠. 그렇다 보니 오랜 시간 어려운 일을 참고 견디기
보다는 스마트폰에서 얻을 수 있는 쉬운 즐거움들을 찾기 쉽습
니다.

그러면 우리는 어떻게 해야 될까요. 제가 간단한 방법을 하
나 소개해드릴게요. 우선, 목표를 세울 때 절대로 큰 목표를 세우
면 안 됩니다. 대신 쉽게 달성할 수 있는 작은 목표를 많이 만드
세요. 작은 목표들을 많이 만들어서 목표 달성의 즐거움을 자주
느끼는 게 중요합니다. 목표 달성의 즐거움을 알게 되면, 그때부
터 목표를 조금씩 조금씩 크게 잡으세요. 이런 것을 습관화하고

계속 반복하다 보면 결국 원하는 큰 목표를 달성할 수 있게 됩니다.

요즘 어르신들 중에는 이런 얘기를 하는 분들이 많으세요. "요즘 젊은이들은 의지가 약해." 그런데 이건 조금 잘못된 이야기예요. 요즘 젊은 세대들이 특히 의지가 약한 게 아닙니다. 사실 과거에는 쉽게 얻을 수 있는 즐거움이 없었어요. 그러다 보니까

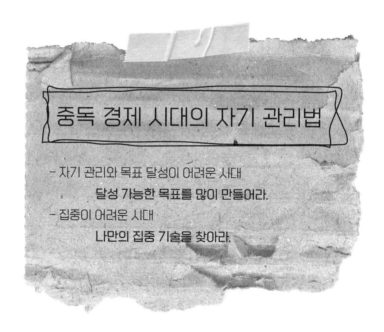

중독 경제 시대의 자기 관리법

- 자기 관리와 목표 달성이 어려운 시대
  달성 가능한 목표를 많이 만들어라.
- 집중이 어려운 시대
  나만의 집중 기술을 찾아라.

오랜 시간 목표를 위해서 노력할 수 있었던 거죠. 지금은 쉽게 얻을 수 있는 즐거움이 많기 때문에 오랜 시간 노력을 하기가 어려워진 것일 뿐입니다. 의지가 약해진 게 아니고 손쉽게 얻을 수 있는 즐거움이 많아진 거예요.

중독 경제 시대에는 집중하기가 정말 어렵습니다. 뭐만 조금 하려고 하면 계속 알림이 오고 광고가 오고…… 참 집중하기가 어렵죠. 일에도 집중하기가 어렵고, 쉬는 것에 집중하기도 어려워요. 쉬려고 해도 계속 알림이 오고 광고가 오기 때문에 쉬는 것에도 집중하기 어려운 시대입니다. 그래서 중독 경제 시대에는 자기만의 집중의 기술을 꼭 찾아야 합니다.

여기에는 세 가지 방법이 있어요. 첫 번째, 집중의 시간을 만드세요. 하루 종일 집중할 필요는 없습니다. 아무리 짧은 시간이라도 강하게 집중하면 정말 많은 일을 할 수 있어요. 집중을 오래 하는 게 중요한 게 아닙니다. 짧은 시간이라도 강하게 집중하는 게 중요합니다. 아예 강하게 집중할 시간을 미리 만들어놓는 거예요. 그 시간만큼은 스마트폰을 꺼놓고 정말로 온전히 집중하는 거죠. 이걸 습관화하고 반복하다 보면 정말로 집중해서 자기가 원하는 일을 하는 게 훨씬 수월해질 겁니다.

두 번째, 집중할 장소를 찾으세요. 도서관이 될 수도 있고, 카페가 될 수도 있고, 집의 특정한 공간이 될 수도 있습니다. 책상이 될 수도 있지요. 이 공간에 가면 절대로 스마트폰을 보면 안 돼요. 이 공간에 가면 무조건 집중해서 자기가 하려는 일만 하는 겁니다. 여기서는 다른 일을 하면 절대 안 돼요. 그러다 보면 이 공간에 가면 자동적으로 집중할 준비가 될 거예요. 이렇게 집중의 공간을 만들면 집중하는 데 큰 도움이 됩니다.

집중의 기술 2.
집중의 장소를 만들어라.

집중의 기술 3.
집중의 음악을 만들어라.

　세 번째, 음악을 이용하는 겁니다. 집중의 음악을 하나 만드는 거예요. 저는 책을 많이 쓰는데, 책을 쓸 때만 듣는 음악이 하나 있어요. 다른 일을 할 때는 이 음악을 절대 안 듣습니다. 아무리 듣고 싶어도 참아요. 아껴두는 거죠. 책을 쓸 때 이 음악을 꺼내서 듣습니다. 이 음악을 듣는 순간, 딱 뇌가 준비됩니다. '아, 내가 책 쓰는 시간이구나' 하고요. 이런 음악을 하나 찾은 다음 잘 이용하면 집중하기가 훨씬 쉬워집니다. 이처럼 자기만의 집중의 기술을 찾으면 중독 경제 시대에도 자신이 원하는 일을 하기가 수월해집니다.

○○○

중독 경제 시대 '나'를 지키는 방법

- 쉽게 달성할 수 있는 작은 목표를 세우고
  목표 달성의 즐거움을 느껴본다.

- 나만의 '집중 기술'을 찾아 시간을 보낸다.

물렀거라, 지름신

다음은 중독 경제 시대의 소비 관리법에 대해 이야기해볼까요. 중독 경제 시대에는 소비를 관리하고 제어하기도 참 어려워요.

우리는 끊임없이 광고에 노출되고 할인에 노출됩니다. 그러다 보면 마음속에 소비 욕구가 자꾸 생겨요. '아, 저게 갖고 싶다.' '나 저걸 꼭 사야 되겠다.' 소비 욕구가 자꾸 생기지요. 그런데 더 큰 문제는 구매의 고통이 전혀 느껴지지 않는다는 거예요. 요즘에는 구매할 때 직접 돈을 내는 게 아니고 그냥 클릭 한 번이면 구매할 수 있잖아요. 그럼 뇌가 돈을 쓴다는 느낌을 전혀 받지 못합니다. 그러다 보니 돈이 줄줄 새어나가는 거예요. 그래서 중독 경제 시대에는 소비가 제어되지 않는 거죠.

그러면 우리가 어떻게 소비를 관리하고 제어할 수 있을까요. 이것도 세 가지 방법을 말씀을 드릴게요. 첫 번째, 광고 추적에서 벗어나는 겁니다. 스마트폰 광고는 똑똑해서 내가 관심을 가질 만한 제품을 계속 보여줍니다. 당연히 본능적으로 그 제품을 갖고 싶다는 욕구가 생길 수밖에 없습니다. 이런 광고 추적에서 벗어나는 방법은 간단합니다. 스마트폰 설정에 들어가서 광고 추적 버튼을 꺼두는 겁니다. 그러면 광고가 나에 대해 잘 모르게 됩니

다. 예를 들어서 스마트폰을 하는데 광고가 나에 대해 모르니 갑자기 기저귀 광고를 보여주는 것처럼 나와 전혀 관계없는 것들을 보여줍니다. 그러면 소비 욕구가 전혀 생기지 않겠죠.

물론 광고 추적을 허용하지 않는 게 광고 추적에서 벗어나는 완벽한 방법은 아니에요. 요즘에는 광고 추적을 허용하지 않는 사람들이 많아지다 보니 테크 기업들이 교묘하게 추적하는 장치들을 계속 만들어내고 있습니다. 그럼에도 불구하고 광고 추적 허용 버튼을 꺼두는 게 그냥 두는 것보다는 훨씬 도움이 됩니다.

두 번째, SNS입니다. 요즘에는 SNS가 정말 문제예요. SNS에 들어가면 알고리즘이 너무 멋있고 잘난 사람들을 자꾸 보여줍니다. 처음에는 호기심 때문에 이런 사람들의 사진을 보게 돼요. 그런데 그런 사진들을 자꾸 보다 보면 어느 순간 갑자기 자기에 대한 만족도, 내 삶에 대한 만족도가 떨어집니다. 자존감이 떨어져요. 떨어진 자존감을 회복하기 위해서 사람들은 소비를 늘리게 됩니다. 그래서 SNS를 많이 할수록 소비가 늘어나는 경향이 나타나는 겁니다. 그래서 가급적 SNS를 하지 않는 게 좋습니다.

세 번째, 구매를 미루는 습관을 만드는 겁니다. 우리 마음속에 생기는 무언가를 가지고 싶다는 욕구는 사실 일시적인 경우가 굉장히 많아요. 광고에 노출되고 할인에 노출되다 보니 일시적으로 생긴 욕구들이지요. 이런 욕구들은 그냥 놔두면 대부분 사라집니다. 며칠만 놔둬도 소비 욕구가 크게 줄어들어요.

소비 관리법 2.
SNS를 자제하라.

삶의 만족도↓
자존감↓

소비 관리법 3.
사고 싶은 것은
일단 노트에다 적어라.

뭔가가 너무 사고 싶다, 갖고 싶다, 이런 욕구가 생기면 일단 노트에다가 적으세요. 무작정 '이거 안 살 거야', 마음먹기는 어렵잖아요. 그러니까 '나는 이거 살 거야' 하고 노트에다 적는 거예요. 그런데 이 노트가 눈에 잘 보이면 안 돼요. 눈에 잘 보이는 데다 적어놓으면 계속 갖고 싶다는 욕구가 생기거든요. 제일 나쁜 건 앱의 장바구니에 넣어놓는 거예요. 그러면 내가 앱에 들어갈 때마다 그 제품이 보여요. 욕구가 사라질 수 없지요. 잘 안 보이는 데다 적어두세요. 그리고 한 일주일쯤 지난 다음에 노트를 펼쳐보세요. 아마도 깜짝 놀랄 겁니다. '내가 왜 이걸 그렇게 갖고 싶어 했지?' 이런 생각이 들 거예요. 왜냐하면 요즘 우리가 갖는 욕구는 대부분 일시적인 욕구라서 그래요. 구매를 조금만 미뤄도 소비 충동에서 쉽게 벗어날 수 있습니다.

스마트폰 시대의 자녀 교육, 막는 게 능사는 아니다

마지막으로 중독 경제 시대에 자녀 키우는 법입니다. 중독 경제 시대에는 자녀를 키우는 게 정말 어렵습니다. 요즘에는 어린아

무분별한 소비를 제어하는
소비 관리 방법들

- 광고 추적 허용 버튼을 끄고 SNS사용을 자제한다.

- 대부분의 소비 욕구는 일시적이니까 구매를 미루는
  습관을 가진다.

이들도 다 스마트폰을 사용하잖아요. 그렇다고 스마트폰 사용을 막을 수도 없습니다. 친구들이 다 사용하는데 우리 자녀만 스마트폰을 사용하지 못하게 막을 수는 없지요. 그랬다가는 오히려 반항심만 키울 수 있습니다. 저도 제 아이가 스마트폰을 사용하는 것을 막지는 않아요. 그런데 스마트폰을 많이 사용하다 보면 아이들에게 몇 가지 문제가 생길 수 있습니다.

첫째, 아이들이 잘 기다리지 못하게 됩니다. 우리 삶에는 오랜 기다림 끝에 받게 되는 큰 보상이 많습니다. 아이들이 기다림의 가치, 노력의 가치에 대해 배우는 것은 정말 중요합니다. 그래야 오랜 시간 노력한 다음에 큰 보상을 받을 수 있지요. 그런데 스마트폰 안에는 기다리지 않아도, 노력하지 않아도 손쉽게 얻을 수 있는 보상이 정말 많아요. 이런 데 익숙해지다 보면 아이들은 잘 기다리지 못하게 됩니다. 당연히 기다림의 가치라든가 노력의 가치를 배우기 어려워지지요.

둘째, 부모의 보상이 중요하지 않다고 생각하게 됩니다. 원래 부모가 해주는 칭찬이나 인정은 아이들에게 굉장히 큰 보상이에요. 아이들이 부모에게 칭찬받고 인정받기 위해서 공부 열심히 하고 운동도 열심히 하고 악기도 열심히 배우고 그랬잖아요. 아이들에게 부모의 보상이 중요했던 이유는 다른 보상이 없었기 때문이에요. 그런데 요새 아이들은 스마트폰 안에서 손쉽게 얻을 수 있는 보상이 너무 많아요. 굳이 부모가 칭찬해주지 않아도 스마트폰 안에서 다른 사람들이 칭찬을 해줍니다. 그렇다 보니 아이들이 부모의 보상 자체를 중요하게 생각하지 않는 거죠. 부모의 보상이 큰 가치를 갖기 어려운 거예요.

셋째, 아이들이 게임 속에서 사회를 배우게 됩니다. 과거의 게임은 주로 혼자 하는 것들이었어요. 근데 요즘에는 게임 안에서 다른 사람들과 대화를 하고 상호작용을 합니다. 그러면서 아이들은 사회에 대해 배우고, 사람에 대해 배우게 돼요. 그런데 게임 속 사회에서는 남들이 얻기 어려운 희귀한 아이템을 손에 넣는다거나, 남들보다 더 높은 계급을 얻는다거나, 수단과 방법을 가리지 않고 남들을 누르고 승리하면 보상을 받습니다. 그러면서 그런 게 좋은 거라고 배우게 되지요. 이렇게 게임 속에서 사회

스마트폰 장시간 사용시 아이들에게 생기는 문제

기다리는 것을
못하게 된다.

부모의 보상(칭찬)이
중요하지 않다고 생각하게
된다.

게임 속에서
사회를 배우게 된다.

와 사람에 대해 배우게 되면 아이들은 나중에 커서 자기가 게임에서 배운 것을 그대로 적용하게 됩니다.

그렇다고 아이들에게 스마트폰을 사용하지 못하게 할 수도 없습니다. 사실 다들 사용하고 있기도 하고요. 스마트폰 안에는 아이들에게 도움이 되는 것도 많습니다. 무턱대고 막을 필요는 전혀 없어요. 딱 두 가지만 확실하게 하면 됩니다.

첫째, 아이들이 기다림의 가치, 노력의 가치를 배울 수 있게 해줘야 합니다. 아이들이 오랜 시간 기다렸거나 노력했을 때 이게 가치 있는 일이구나, 기다리거나 노력하면 보상을 받는구나, 이런 것을 배울 수 있게 해줘야 합니다. 그러기 위해서는 아이들에게 한 약속은 무조건 지켜야 돼요. 빈말로 한 약속이더라도 꼭 지켜야 됩니다.

얼마 전에 신문 기사를 하나 봤습니다. 아이가 게임기를 너무 갖고 싶어 하는데, 그게 200만 원이나 되는 고가의 게임기였대요. 부모는 아이에게 반에서 1등을 하면 게임기를 사주겠다고 약속을 했어요. 1등을 할 거라고는 생각도 못 한 거죠. 게임기가 너무나 갖고 싶었던 아이는 열심히 공부해서 진짜 반에서 1등을 했어요. 그러자 부모는 게임기를 정말 사줘야 하냐고 인

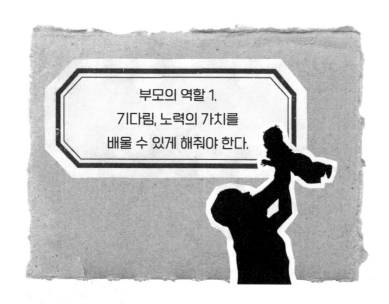

부모의 역할 1.
기다림, 노력의 가치를
배울 수 있게 해줘야 한다.

터넷에 글을 올린 겁니다. 그런데 무조건 사줘야 해요. 돈이 없으면 빌려서라도 사줘야 합니다. 그래야 아이들이 기다림의 가치, 노력의 가치를 배우게 됩니다. 아이들이 노력의 가치를 배우려면 결과와 상관없이 보상을 해줘야 해요. 설령 결과가 좋지 않더라도 노력한 것에 대해서는 확실하게 칭찬해주고, 인정해줘야 합니다. 그래야 아이들이 노력하는 게 좋은 것임을 배우게 됩니다.

둘째, 아이들이 알고리즘에 대한 대항력을 갖게 해줘야 합니다. 요즘 아이들은 유튜브를 정말 많이 봅니다. 그런데 유튜브의 알고리즘상 유튜브를 계속 보다 보면 더욱 선정적이고 자극적인 콘텐츠들을 보게 될 수밖에 없어요. 유튜브 알고리즘은 사람들이 조금이라도 더 동영상을 보게 만드는 게 목적이거든요. 아이들도 예외는 아닙니다. 이 알고리즘에 따라 아이들 역시 더

부모의 역할 2.
알고리즘에 대한 대항력을
가지게 해줘야 한다.

욱 선정적이고 자극적인 콘텐츠
를 자꾸 보게 됩니다.

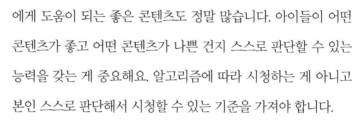

그렇다고 유튜브가
나쁜 건 아니에요. 유
튜브 안에는 사람들
에게 도움이 되는 좋은 콘텐츠도 정말 많습니다. 아이들이 어떤
콘텐츠가 좋고 어떤 콘텐츠가 나쁜 건지 스스로 판단할 수 있는
능력을 갖는 게 중요해요. 알고리즘에 따라 시청하는 게 아니고
본인 스스로 판단해서 시청할 수 있는 기준을 가져야 합니다.

이걸 어떻게 만들어줄 수 있을까요. 생각보다 간단합니다.
아이들이 유튜브를 보거나 게임을 할 때 부모가 같이하는 거예
요. 실제로 저도 하는 방법입니다. 저희 아이가 어릴 때 유튜브
를 보거나 게임을 하면 저는 다 같이했어요. 그러면서 대화하는
거죠. 아이와 유튜브를 보면서 이야기하는 거예요. "이 유튜버는
너무 좋다. 너무 착한 것 같아" "이 유튜버는 별로야" 이런 얘기
를 하는 거죠. 그러면 아이가 '이 사람은 좋은 유튜버구나' '이 사
람은 그렇지 않은 유튜버구나' 이런 것을 배우게 됩니다. 그러면
서 아이의 마음속에 판단 능력이 생기게 돼요. 이렇게 하다 보면

알고리즘에 따라 시청하는 게 아니고 자신이 보고 싶은 것을 보게 됩니다.

제가 실제로 아이랑 같이 보면서 괜찮다고 이야기해준 어느 유튜버가 있습니다. 아이가 어릴 때 그 유튜버가 진행하는 동영상을 굉장히 많이 봤어요. 영상을 보는데, 참 착하더라고요. 그래서 저는 아이한테 "저 유튜버는 굉장히 착하네. 좋은 일도 많이 하네" 이런 이야기를 되게 많이 해줬어요. 그랬더니 아이가 '이 유튜버는 좋은 유튜버구나. 내가 마음껏 봐도 되는 유튜버구나' 이렇게 생각하더라고요. 반면에 제가 어떤 유튜버에 대해서는 "저 유튜버는 비속어도 많이 사용하고 좀 별로인 것 같아" 이런 이야기를 했더니, 아이가 그다음부터 그 유튜버의 동영상은 보지 않더라고요. 이처럼 아이가 유튜브를 볼 때 부모가 같이 보면서 대화를 많이 하다 보면 자연스럽게 뭐가 좋고 뭐가 나쁜지 판단 기준이 생깁니다. 그러면 알고리즘에 따라 시청하는 게 아니고 자기 판단 기준에 따라서 원하는 걸 보게 되지요.

게임도 마찬가지예요. 저는 아이가 하는 게임을 일단 다 같이 해봅니다. 같이 게임을 하면서 대화를 많이 합니다. 예를 들어, "이 게임은 좀 폭력적인 것 같아", "이 게임은 다른 사람을 너

무 속여야 되는 것 같아", "나는 이런 건 하기 싫은데" 이런 이야기를 하는 거죠. 그러면 아이가 '이 게임은 안 좋은 게임이구나' 이런 걸 배우게 돼요. "이거 너무 재밌다", "이거 너무 좋은데" 이런 이야기를 해주면 아이가 '이 게임은 좋은 게임이구나' 이런 걸 배우게 되지요. 이런 일을 계속 반복하다 보면 아이가 좋은 게임은 어떤 것이고 좋지 않은 게임은 어떤 것인지 자연스럽게 배우게 됩니다. 아이가 어릴수록 부모가 같이 유튜브를 보고 같이 게임을 하는 게 정말 중요합니다.

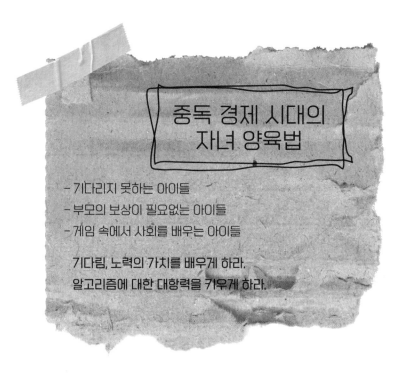

중독 경제 시대의
자녀 양육법

- 기다리지 못하는 아이들
- 부모의 보상이 필요없는 아이들
- 게임 속에서 사회를 배우는 아이들

기다림, 노력의 가치를 배우게 하라.
알고리즘에 대한 대항력을 키우게 하라.

그렇다고 계속 이렇게 할 필요는 없어요. 일정 기간 부모가

같이 해주면 자연스럽게 뭐가 좋은 거고 뭐가 나쁜 건지 판단 기

준이 생겨요. 알고리즘에 대한 대항력이 생기는 거죠. 알고리즘

에 대한 대항력이 생기면 유튜브를 보게 그냥 놔둬도 괜찮습니

빅퀘스천

다. 아이 스스로 판단 기준이 있으면 그 안에서 좋은 콘텐츠를 찾아서 보게 됩니다.

중독의 시대,
스마트폰과 살아가는 법을 배워라

많은 사람들이 스마트폰에 쉽게 중독되는 시대입니다. 그렇다고 스마트폰이 나쁜 건 절대 아니에요. 잘 사용하면 우리에게 많은 혜택과 편리함을 주는 게 바로 스마트폰입니다. 그래서 우리가 배워야 하는 거예요. 스마트폰 사용법을 배웠듯이, 스마트폰과 함께 살아가는 방법을 이제는 배워야 합니다. 그래야 우리가 원하는 삶, 행복한 삶을 살 수 있습니다. 우리 다 함께 스마트폰과 함께 살아가는 방법을 찾아봤으면 좋겠습니다.

빅 퀘스천

김병규

BIG QUESTION

"나는 경영학 교수이기 전에 경영을 연구하는 학자다."

'공정', '책임', '공존' 등 인간적 가치에 공헌하는 경영 전략을 연구해온 독보적
경영학자. 소비자가 바람직한 소비를 할 수 있는 방법과 함께 기업이 이윤을
높이면서도 소비자와 사회에 도움을 줄 수 있는 방법을 연구하고 있다.

마케팅, 심리학, 뇌과학 등 경계를 넘나드는 탁월한 연구로, 마케팅 분야의
최고 권위지인《마케팅 저널(Journal of Marketing)》,《마케팅 리서치
저널(Journal of Marketing Research)》,《소비자 리서치 저널(Journal of
Consumer Research)》, 심리학 분야의 최고 권위지인《제너럴(Journal
of Experimental Psychology: General)》, 뇌과학 분야의 최고 권위지인
《신경과학 저널(Journal of Neuroscience)》 등에 다수의 논문을 게재하였다.
한국인 최초로 미국마케팅협회에서 지난 5년간 마케팅 이론, 방법론,
실무에 가장 중요하고 오랜 공헌을 한 논문에 수여하는 상인 윌리엄
F. 오델상(William F. O'Dell Award)을 수상했다. 역시 한국인 최초로
미국마케팅협회에서 수여하는 최우수 논문상인 폴 E. 그린상(Paul E. Green
Award), 미국소비자학회에서 박사 논문에 기초한 논문들에 수여하는 최우수
논문상인 로버트 퍼버상(Robert Ferber Award)을 수상했다.

《호모 아딕투스》는 근 3년간 연구의 결정판이다. 전작
《노브랜드 시대의 브랜드 전략》,《플라스틱은 어떻게
브랜드의 무기가 되는가》,《플랫폼 제국의 탄생과
브랜드의 미래》를 통해 디지털 시대 기업이 당면한 여러
현안을 돌파할 브랜드 전략을 제언했다.

스마트폰 중독 진단 (청소년용 만 10~19세)

번호	항목	전혀 그렇지 않다	그렇지 않다	그렇다	매우 그렇다
1	스마트폰의 지나친 사용으로 학교 성적이 떨어졌다.	1	2	3	4
2	가족이나 친구들과 함께 있는 것보다 스마트폰을 사용하고 있는 것이 더 즐겁다.	1	2	3	4
3	스마트폰을 사용할 수 없게 된다면 견디기 힘들 것이다.	1	2	3	4
4	스마트폰 사용 시간을 줄이려고 해보았지만 실패했다.	1	2	3	4
5	스마트폰 사용으로 계획한 일(공부, 숙제 또는 학원 수강 등)을 하기 어렵다.	1	2	3	4
6	스마트폰을 사용하지 못하면 온 세상을 잃은 것 같은 생각이 든다.	1	2	3	4
7	스마트폰이 없으면 안절부절못하고 초조해진다.	1	2	3	4
8	스마트폰 사용 시간을 스스로 조절할 수 있다.	4	3	2	1
9	수시로 스마트폰을 사용하다가 지적을 받은 적이 있다.	1	2	3	4
10	스마트폰이 없어도 불안하지 않다.	4	3	2	1
11	스마트폰을 사용할 때 그만해야지 하면서도 계속한다.	1	2	3	4
12	스마트폰을 너무 자주 또는 오래한다고 가족이나 친구들로부터 불평을 들은 적이 있다.	1	2	3	4
13	스마트폰 사용이 지금 하고 있는 공부에 방해가 되지 않는다.	4	3	2	1
14	스마트폰을 사용할 수 없을 때 패닉 상태에 빠진다.	1	2	3	4
15	스마트폰 사용에 많은 시간을 보내는 것이 습관화되었다.	1	2	3	4

◆ 점수 해석

일반 사용자군	잠재적 위험 사용자군	고위험 사용자군
41점 이하	42~44점	45점 이상

◆ 내 점수 _____

스마트폰 중독 진단 (성인용 만 20-59세)

번호	항목	전혀 그렇지 않다	그렇지 않다	그렇다	매우 그렇다
1	스마트폰의 지나친 사용으로 학교 성적이나 업무 능률이 떨어진다.	1	2	3	4
2	스마트폰을 사용하지 못하면 온 세상을 잃을 것 같은 생각이 든다.	1	2	3	4
3	스마트폰을 사용할 때 그만해야지 생각하면서도 계속한다.	1	2	3	4
4	스마트폰이 없어도 불안하지 않다.	4	3	2	1
5	수시로 스마트폰을 사용하다가 지적을 받은 적이 있다.	1	2	3	4
6	가족이나 친구들과 함께 있는 것보다 스마트폰을 사용하고 있는 것이 더 즐겁다.	1	2	3	4
7	스마트폰 사용 시간을 줄이려고 해보았지만 실패했다.	1	2	3	4
8	스마트폰을 사용할 수 없게 된다면 견디기 힘들 것이다.	1	2	3	4
9	스마트폰을 너무 자주 또는 오래한다고 가족이나 친구들로부터 불평을 들은 적이 있다.	1	2	3	4
10	스마트폰 사용에 많은 시간을 보내지 않는다.	4	3	2	1
11	스마트폰이 옆에 없으면 하루 종일 일(또는 공부)이 손에 안 잡힌다.	1	2	3	4
12	스마트폰을 사용하느라 지금 하고 있는 일(공부)에 집중 안 된 적이 있다.	1	2	3	4
13	스마트폰 사용에 많은 시간을 보내는 것이 습관화되었다.	1	2	3	4
14	스마트폰이 없으면 안절부절못하고 초조해진다.	1	2	3	4
15	스마트폰 사용이 지금 하고 있는 일(공부)에 방해가 되지 않는다.	4	3	2	1

• 점수 해석

일반 사용자군	잠재적 위험 사용자군	고위험 사용자군
39점 이하	40~43점	44점 이상

출처_미래창조과학부, 한국정보화진흥원. 인터넷 과의존 실태 조사.

• 내 점수 _____

Question _2

죽음을
어떻게
받아들일
것인가?

한방 내과를 전공하고 대학병원에서 6년째 암 환자를 진료하고 있는 한의사 김은혜입니다. 저를 이렇게 소개하면 많은 분들이 한의사가 암 환자를 어떻게 치료하느냐고 궁금해하고 또 의아해합니다. 실제로 저를 찾아오시는 분들은 대부분 말기암 환자들입니다. 여러 병원을 전전하면서 수술, 항암 치료, 방사선 치료 등 받을 수 있는 치료는 다 받았는데도 "더 이상 손쓸 수 없다"는 의사의 소견을 듣고 나서 지푸라기라도 잡는 심정으로 오시는 거죠.

환자분들은 제게 종종 이런 얘기를 합니다.

"앞으로 6개월 정도 살 수 있다는데 가만히 앉아서 죽을 날만 기다릴 순 없어서 왔다"거나 "사는 건 바라지도 않으니 고통 없이 갈 수 있게 해주세요"라고 말씀하십니다. 환자마다 표현도 다르고 때로는 극단적인 말씀을 하는 분들도 있지만, 사실 그분들이 제게 바라는 것은 딱 하나입니다. 바로 잘 죽을 수 있도록 도와달라는 간절한 부탁이지요.

'웰다잉', 죽음을 묻다

여러분, 잘 죽는다는 게 과연 뭘까요? 어떻게 죽어야 잘 죽는 걸까요? 어떤 분은 신체적 고통 없이 죽는 게 잘 죽는 거라고 말씀하셨습니다. 또 다른 분은 가족들에게 더 이상 짐이 되지 않는 것을 잘 죽는 것이라고 말씀하셨습니다. 또 다른 분은 당신이 세상을 떠나더라도 남은 이들이 일상을 잘 살아갈 수 있도록 충분히 준비해 나가는 것을 잘 죽는 것이라고 말씀하셨습니다. 여러분의 생각은 어떠신가요?

　　말기암 환자들이 연명 치료를 받으며 "이게 과연 살려고 받는 치료가 맞나요?"라며 고통스러워하는 모습을 옆에서 수없이

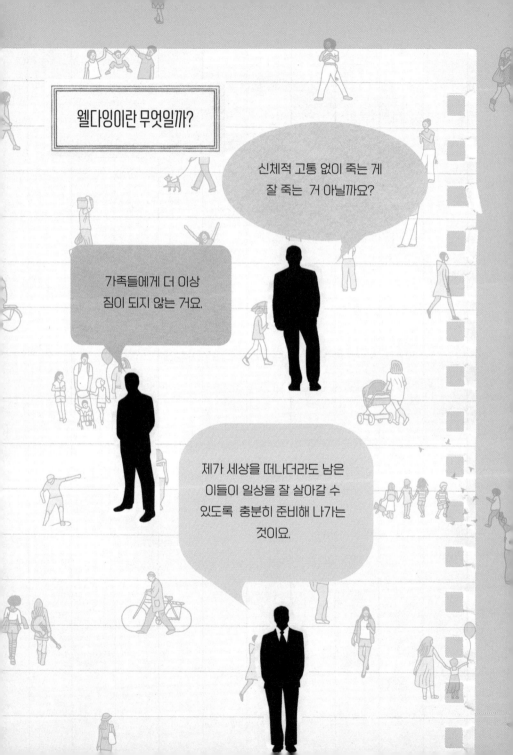

지켜보면서 저는 웰다잉이란 무엇인지 끊임없이 고민했습니다. 하지만 어떻게 죽어야 잘 죽는 걸까에 답하기는 저 역시 결코 쉽지 않은 일이었습니다. 그럼에도 불구하고 투병하는 환자, 누군가의 보호자, 그리고 일상을 살아가는 평범한 사람 세 가지 관점에서 웰다잉에 대한 제 생각을 나눠보려 합니다.

웰다잉. 존엄하게 생을 마감하기 위한 과정을 말하는 단어입니다. 소위 잘 죽기 위한 준비라고도 하죠. 최근에 연명 치료의 필요성이 사회적 이슈로 대두되면서 웰다잉에 대한 관심도 높아지고 있습니다. 세간에서는 이렇게 말합니다. 잘 죽기 위한 준

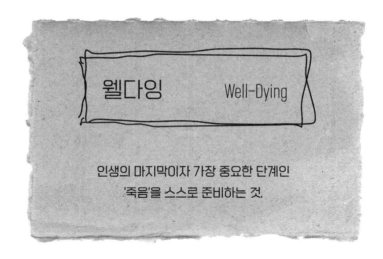

웰다잉   Well-Dying

인생의 마지막이자 가장 중요한 단계인
'죽음'을 스스로 준비하는 것.

비는 결국 잘 사는 것부터 시작되기 때문에 웰다잉을 위해서는 무엇보다 삶을 긍정적으로 바라보는 자세가 중요하다고요. 하지만 암 환자분들을 진료하는 저로서는 죽음을 몇 개월 앞둔 분들에게 웰다잉을 위해서는 긍정적으로 살아야 한다는 말씀을 드리기가 결코 쉽지 않습니다. 실제로 어떤 분께 위로를 담아서 이런 뜻의 이야기를 했다가 오히려 깊은 원망을 듣기도 했습니다. 난데없이 3개월 안에 죽을 거라는 이야기를 듣고 왔는데 선생님 같으면 긍정적으로 생각할 수 있겠느냐고 반문하시더라고요. 그 원망 어린 말씀은 지금도 제 마음속 깊이 남아 있습니다.

'왜 하필 내가?'라는 억울한 감정을 가슴속에 묻어두고 매일같이 두려움과 희망 사이에서 줄타기하며 끝없는 싸움을 하고 계시는 분들에게 긍정이라는 단어는 그야말로 무의미했습니다. 그때부터 저는 잘 사는 것이 아닌 잘 죽기 위한 길을 걸어야만 하는 분들에게 어떻게 하면 조금이나마 더 위로가 될까 고민을 했습니다. 그리고 얼마 지나지 않아서 그 답을 또 다른 환자분에게 얻을 수 있었습니다.

잘 죽기 위한 첫 걸음

그분은 60대 폐암 환자분이셨어요. 암이 이미 손쓸 수 없을 정도로 많이 악화된 상황이어서 환자분은 더 이상 의미 없는 연명 치료를 원하지 않는 상황이었습니다. 그럼에도 불구하고 가족들의 간절한 부탁에 못 이겨 어쩔 수 없이 병원에 오신 터였지요. 기대여명이 10개월 정도라는 얘기를 듣고 오신 이분에게 제가 해드릴 수 있는 것은 전이된 암이 기도를 침범해 숨을 막지 않도록 급한 대로 방사선 치료를 해드리는 것뿐이었습니다. 방사선 치료를 하려니 의대 병원과 협진할 필요가 있고 치료 계획도 공유해야 하기 때문에 입원을 권유하자 환자분은 치료 계획에 시큰둥한 태도를 보이며 의아한 말씀을 하시더라고요. 최대한 빨리 치료하고 빨리 퇴원시켜달라고요. 그래서 제가 "빨리 퇴원해서 뭐하시려고요?"
라고 물었더니 뜻밖의 대답이 돌아왔습니다. 바로 오토바이를
타러 가야 된다고 하시는 거예요. 그래서 제가 "오토바이요? 그
거 위험하지 않나요?"라고 되물었더니 전혀 그렇지 않다며 열변
아닌 열변을 토하시더라고요. 모처럼 환자분의 얼굴에 생기가
도는 걸 볼 수 있는 날이었습니다.

저는 결국 2주 후에 퇴원시켜드리겠다는 약속을 하고 길다
면 길고 짧다면 짧은 시간 동안 방사선 치료를 시작했습니다. 하
지만 암이 너무 악화된 상황이었기 때문에 방사선 치료로 큰 효
과를 보지 못하고 약속했던 2주는 흘러갔습니다. 환자분은 그사
이에 폐암 말기가 되었지요. 말기라 함은 이제 정말 더 이상 암을
치료하기 위해서 할 수 있는 게 없다는 것을 의미합니다. 앞으로
살 수 있는 날이 10개월 정도이며, 할 수 있는 치료가 없다는 상
황에서 환자분은 오히려 홀가분해하시더라고요. 그러면서 또 말
씀하셨습니다. 약속했던 2주가 지났으니 퇴원시켜달라고요. 걱
정스러운 마음에 제가 물었습니다. 댁에 계시다가 갑자기 안 좋
아지면 어떡하냐고요. 환자분은 이렇게 말씀하시더라고요. "그
러면 죽는 거죠." 그러면서 담담하게 "살려고 삽니까? 하고 싶은

"퇴원하면 오토바이 타러
갈 거예요."

"살려고 삽니까? 하고 싶은 거

하려고 사는 거지.

그래서 나는 오토바이 타러

갈 겁니다."

거 하려고 사는 거지. 그래서 나는 오토바이 타러 갈 겁니다"라고 얘기하시더라고요. 일상의 작은 기쁨조차 누리지 못한 채 더 살아가는 것이 누구를 위한 것인지 모르겠다고 덧붙인 말씀이 마음 깊이 오래도록 남아 있습니다.

의학적으로나 객관적으로나 언제 응급 상황이 벌어져도 이상하지 않은 상태였습니다. 자신의 몸이 마음대로 되지 않을 것임을 너무나도 잘 알면서도 환자분은 다시 오토바이를 탈 수 있다는 생각에, 다시 말해서 일상의 작은 기쁨을 되찾았다는 생각에 굉장히 즐거워하면서 퇴원하셨습니다. 그때부터 인생을 어떻게 마무리해야 잘 죽는 건지 모르겠다고 말씀하시는 분들에게 저는 이렇게 말합니다. 죽음의 준비라는 것이 거창한 게 아니다. 우리가 인생을 살아오면서 하고 싶은 대로 살아본 게 얼마나 되느냐. 어떻게든 일상을 지켜내야 된다는 이유로 내가 나를 희생시키면서 마음속에 접어두었던 꿈이 분명히 있을 거다. 내가 아닌 남을 위한 선택을 하면서 지금까지 후회로 남아 있는 것들이 분명히 있을 거다. 이제라도 늦었다고 생각하지 말고 그때 못했던 일을 지금 마음 가는 대로 하자. 그것이야말로 잘 죽기 위한 첫 걸음이다. 어떠세요? 여러분도 공감되시나요?

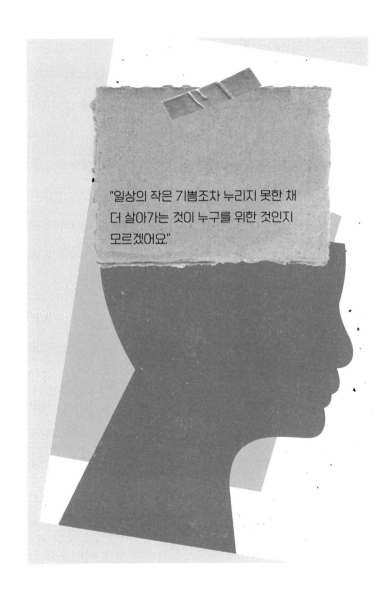

"일상의 작은 기쁨조차 누리지 못한 채
더 살아가는 것이 누구를 위한 것인지
모르겠어요."

웰다잉, 현실을 받아들여라

암 환자를 돌보는 보호자분들에게도 드리고 싶은 말씀이 있습니다. 비단 암 환자뿐만 아니라 누군가의 가족으로서 서로를 지키고 계신 모든 분들에게 드리고 싶은 말이기도 합니다. 웰다잉을 준비하는 환자 옆에서 보호자는 어떤 준비를 해야 될까요?

또 다른 환자 이야기를 해보겠습니다. 체구가 자그마한 20대 초반 췌장암 환자였습니다. 학생이었던 환자분을 처음 만난 날, 이런 부탁을 하더라고요. 예쁘게 죽게 해달라고요. 그러면서 어머니 얘기를 덧붙였습니다. 자기가 이렇게 된 것을 엄마가 자꾸만 당신 탓이라고 자책하며 울기만 한다고, 그 모습을 보고 있자니 도저히 마음 놓고 떠날 수 없을 것 같다고. 이제 엄마에게 해줄 수 있는 거는 엄마가 참 좋아했던 예전의 예쁜 모습을 마지막 기억으로 남겨주는 것뿐이라고. 그 추억으로 자신이 없는 일상을 다시 잘 살아갈 수 있도록 해주고 싶다고. 그러면서 제게 예쁘게 죽게 해달라고 도움을 요청했습니다. 저는 아직도 그 어린 환자분의 간절한 눈빛을 잊을 수 없습니다.

저는 요즘도 암 환자의 옆을 지키는 보호자분에게 이런 말

"예쁘게 죽게 해주세요."
"엄마가 계속 자책하고 울기만 하세요."
"그 모습을 보고 있으면 제가 마음 놓고 떠날 수 없을 것 같아요."
"엄마가 좋아했던 예전의 예쁜 모습을 마지막 기억으로 남겨주고 싶어요."
"제가 없는 일상을 다시 잘 살아갈 수 있도록 해주고 싶어요."

씀을 드립니다. 더 이상 죄책감을 갖지 말라고, 암 아니라 그 어떤 병이라도 사람이 막을 수 있냐고, 그러니 혹시 모든 게 내 탓은 아닐까 하는 죄책감은 갖지 말라고 거듭 말씀드립니다. 간병을 하다가 잠을 못 자서 환자에게 몇 번 짜증을 낸 것도, 길어지는 간병 기간에 몸과 마음이 지쳐서 때로는 극단적인 생각을 한 것도 다 괜찮다고, 어떻게 보면 모두 자연스러운 일이니 그런 것에 더 이상 죄책감을 갖지 말라고 강조합니다. 그러면서 환자분이 편안하게 안녕을 고할 수 있도록 비록 마음이 힘들어도 남은 이로서 일상을 다시 잘 살아 나갈 준비를 하는 모습을 보여드리라고 말씀을 덧붙입니다. 결국 환자도 보호자도 현실을 있는 그대로 받아들이면서 긍정적으로 버텨 나갈 때 비로소 웰다잉을 시작할 수 있습니다.

잘 죽기 위한 준비는
결국 잘 살아내는 법을 익히는 과정

아직 죽음을 가깝게 느끼지 못하는 우리는 평범한 일상을 살아가면서 어떻게 잘 죽기 위한 준비를 할 수 있을까요? 저는 그에 대한 대답을 '긍정도 습관'이라는 말로 대신하고 싶습니다. 우리는 그 누구도 하고 싶은 걸 다 하면서 살지 못합니다. 목표한 바를 성취하기 위해, 책임감 때문에, 소중한 사람을 지키기 위해 매 순간을 견디고 참아내며 살아가고 있죠. 그때마다 억눌려진 우리의 자아가 받은 상처나 스트레스를 어떻게 풀어갈지에 대한 선택권은 우리 스스로에게 있습니다. 자기만의 해소법을 찾고 긍정적인 삶을 유지해 나가려는 습관을 갖는 것이야말로 잘 죽기 위한 첫 걸음입니다.

임종을 앞두고 자신의 죽음을 겸허히 받아들이면서 그 힘으로 기적을 일으키고 마침내 웰다잉을 이뤄낸 분들에게는 한 가지 공통점이 있었습니다. 스트레스나 상처를 이겨내는 자신만의 방법, 자신만의 사고방식이 몸에 배어 있었다는 점입니다. 뿐만 아니라 인생 자체를 잘 죽기 위한 방법을 찾아가기 위해 긍정적인 해소법을 만들어가는 노력의 연속이라고 생각하는

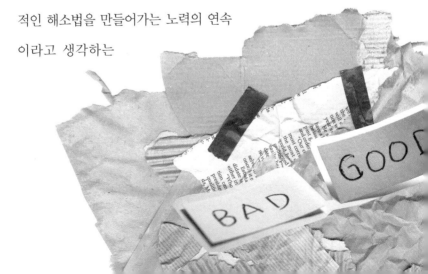

분들이기도 했습니다. 그 옆을 묵묵히 지킨 보호자들도 마찬가지였습니다.

저 또한 열세 살 때 돌아가신 아버지께서 마지막 순간에 저로 인해 골든타임을 놓쳤다는 죄책감을 놓기까지, 매 순간 사무치게 올라오는 그리움을 잘 다독이며 가라앉히기까지 13년이라는 오랜 시간이 소요됐기에 긍정을 습관화한다는 것이, 어떤 고난을 긍정적으로 승화한다는 것이 얼마나 힘든 일인지 잘 알고 있습니다. 지금도 저는 아버지에 대한 그리움을 저만의 긍정적인 해소법으로 승화시키고자 계속 연습하고 있습니다. 죽음을 준비했더니 삶이 돌아오더라는 말, 들어보셨죠? 잘 죽기 위한 준비는 결국 인생을 긍정적으로 잘 살아내기 위한 습관을 끊임없이 단련해 나가는 인생의 과정임을 기억하고 그 노력으로 하루하루를 잘 이겨냈으면 좋겠습니다.

잘 죽기 위한 준비는 결국 인생을
긍정적으로 잘 살아내기 위한 습관을
끊임없이 단련해 나가는 인생의
과정이다.

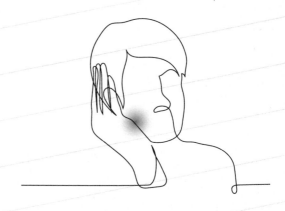

빅 퀘스천

김 은 혜

BIG QUESTION

과학고등학교를 거쳐 경희대학교 한의과 대학을 졸업했다.
강동경희대한방병원 임상교수를 역임하고
현재 경희대산학협력단 연구원으로 일하고 있다.
대한암한의학회 이사 및 대한통합암학회, 대한한방내과학회,
대한한의학회 등 여러 학회의 회원으로 활동하고 있다.
대한한의학회 학술대상 미래인재상, 대한한의학회 학술대상
우수논문상, 대한한의사협회장 우수졸업생상 등을 수상했다.
저서로 《선생님, 이제 그만 저 좀 포기해주세요》가 있다.

버킷리스트

- ☐
- ☐
- ☐
- ☐
- ☐
- ☐
- ☐
- ☐
- ☐
- ☐

미리 써보는 나의 유언장

_____

_____

_____

_____

_____

_____

_____

_____

_____

_____

_____

나만의 버킷리스트와 유언장을 작성해보세요.

Question_3

행복은
어디에서
오는가?

풀꽃   나태주

자세히 보아야

예쁘다

오래 보아야

사랑스럽다

너도 그렇다.

<풀꽃>이라는 시를 쓴 나태주입니다. 때때로 사람들이 나를 보고 '풀꽃 시인'이라고 그러는데, 어쨌든 좋은 이름이라고 생각합니다.

우리는 '충분히' 잘하고 있다

<너무 잘하려고 애쓰지 마라>, 이 시는 나 혼자 적은 게 아니고 많은 독자들과 합의? 공감? 소통? 그런 데서 나온 문장이에요. '너무 잘하려고 애쓰지 마라.' 말하자면, 지금 우리는 다 비교적 다 잘하고 있어요. 그런데도 만족감이 떨어지고, 행복감이 전혀 없고, 여러 가지로 우울하고 짜증나고 힘들고, 특히 자존감이 낮아지는 이유는 너무 잘하려고 하다 보니까 자존감이 여지없이 바닥나는 게 아닐까 싶어요. 그래서 이 시대 전체의 우리 모두에게 내가 드리고 싶은 하나의 문장이 바로 이 말씀이에요. (잘하고 있으니까) 너무 잘하려고 애쓰지 마라. 이미 잘하고 있다.

우리는 충분히 예쁘고, 충분히 자랑스럽고, 충분히 잘하고 있고, 충분히 최선을 다하고 있습니다. 그런데 오늘날 우리, 특히 한국에 사는 분들은 너무 조바심이 강하고, 앞에 가는 사람을 따

라잡으려고 그러고, 떼어놓으려고 그러고, 가르치려고 그럽니다. 여기에 대해 시인이 한마디 말이 없을 수 없지 않느냐. 그래서 제가 한마디 한다면 잘하고 있으니까, 더 잘할 수도 있을 테지만 그 정도로 만족하고, 자기 자신을 학대하거나 낮추거나 함부로 하지 말고, 이제 에너지를 충전해서 더 잘할 수 있도록 여유를 갖자, 뭐 그런 얘기를 하고 싶습니다.

행복은 어디에서 오는가

행복, 그거는 좋아하고 즐길 때 오는 겁니다. 아는 데서는 절대로 행복이 안 와요. 나는 이걸 아주아주 큰 우리들의 문제라고 생각하고, 이걸 또 뜨겁게 급하게 받아들여야 한다고 생각합니다.

　내가 늘 하는 이야기인데, 공자의 말씀 중 '지지자는 불여호지자요, 호지자는 불여락지자니라(知之者 不如好之者, 好之者 不如樂之者)'라는 게 있어요. 공자님이 2000년 전 우리에게 권유하신 삶의 방향이지요. '지자', 즉 지식을 아는 사람보다는 '호자', 즉 좋아하는 사람이 낫고, '호자'보다는 '락자', 즉 즐기는 사람이 낫다는 말씀입니다. 이건 아주 기본적인 거예요. 너무너무 쉬운 거예

너무 잘하려고 애쓰지 마라.

요. 그런데 지금 우리에게는 '락자'로서의 삶이 없어요. 그리고 '호자'로서의 삶도 뭉개지고 있어요. 오로지 '지자', 그러니까 아는 사람으로서만 평가받고 서로 경쟁하면서 산다는 거지요.

이에 대해서 시를 쓰는 나로서는, 내가 뭐 성리학자나 도덕군자는 아니지만 같은 시대를 살아가는 나로서 '우리가 좀 들여다봐야 되지 않을까' 하는 생각이 듭니다. 아울러 좋아하고 즐기는 것은 더불어서도 해야 하지만, 일단은 혼자서 해봐야 합니다. 좋아하고 즐기는 걸 혼자서 하다 보면 자동적으로 만족과 자존감이 생기게 돼 있어요. 이게 인류의 스승인 공자님의 가르침이에요. 그런데 우리는 그걸 건너뛰고 오로지 제일 하급이라고 말하는 '지자'의 수준에 머물러 있으면서 허둥대고 있지요.

《논어 〈옹야편(雍也篇)〉》

지지자 불여호지자(知之者 不如好之者)요,
호지자 불여락지자(好之者 不如樂之者)니라.

공자

물론 안다는 거, 지식이라는 거, 지적인 평가나 이성적 평가가 중요하지 않다는 얘기는 아닙니다. 그 위에 좋아한다는 그 정서적인, 인간적인, 좀 더 나긋나긋한 그런 것이 덧입혀지지 않는 한 '지자'로서의 삶은 매우 삭막하고 힘들고 끝이 불행할 것이라는 이야기이지요. 이거는 명약관화한 일이에요. 지금 우리의 행복지수가 낮은 거는 기쁜 게 없기 때문에 그런 거예요. 그럼 뭘 기뻐할 것인가. 작은 것을 소중하게 생각해야 돼요. 법칙 같은 것은 아니지만 순서를 따져보면 행복 앞에는 기쁨이 있어요. 기쁨 앞에는 만족이 있지요. 만족 앞에는 감사가 있어요. 자기가 누리고 있는, 자기가 이미 갖고 있는 것에 만족하고 감사하고 기뻐할 때 행복은 여지 없이 옵니다.

<선물>이라는 시가 있어요. 이 시도 '기쁨'으로 끝납니다. 처음에는 하늘, 그다음에 가장 큰 선물로 오늘, 오늘 받은 선물 중에서 가장 아름다운 선물인 당신, 당신이 갖고 있는 작은 항목들, 다시 말해 웃는 얼굴, 콧노래, 나지막한 목소리…… 이런 것들이 나에게 기쁨이 된다. 그것도 바다를 안은 듯한 커다란 기쁨이 된다. 이것입니다. 작은 것의 가치를 발견해서 내 것으로 할 때 우리는 기쁨을 갖고, 그리고 행복해지지 않을까 생각합니다.

선물　나태주

하늘 아래 내가 받은

가장 커다란 선물은

오늘입니다

오늘 받은 선물 가운데서도

가장 아름다운 선물은

당신입니다

당신 나지막한 목소리와

웃는 얼굴, 콧노래 한 구절이면

한아름 바다를 안은 듯한 기쁨이겠습니다.

그래서 우리는 서로 기뻐해야 돼요. 그리고 기뻐하도록 노력해야 됩니다. 그 사람을 도와주고, 나도 그 기쁨을 방해받지 않도록 해야 돼요.

　　나는 늙어서 많이 행복해요. 젊었을 때는 아주 많이 불행하다고 생각했어요. 불행한 게 아니라 불행하다고 생각했어요. 지금 나는 행복한 것이 아니라 행복하다고 생각합니다. 그래서 말하고 싶어요. 행복도 연습이다. 행복도 학습이다. '저녁 때 돌아갈 집이 있다는 것'. 그것을 인식할 때, 그걸 연습할 때, 그걸 학습하고 그것을 자기가 깨달아 알 때, 행복은 내 것이 되는 거예요. '힘들 때 마음속으로 생각할 사람이 있다는 것'. 누구나 다 있는데 그럼에도 불구하고 그걸 자기가 깨달아서 자기가 알 때, 자기 것으로 할 때, 그때 이제 또 행복은 더 가까워지는 거예요. '외로울 때 혼자서 부를 노래가 있다는 것'. 이것도 같은 얘기입니다. 누구나 다 아는 유행가만 있는 게 아니라 문화적인 요소가 있죠. 산책을 한다든가 자전거를 탄다든가 영화를 본다든가 이런 것들이 다 노랜데 그것을 우리가 인식하고 그것을 우리가 자기 것으로 할 때 우리는 행복한 사람이 돼요. 나는 행복한 사람이 아니에요. 행복하다고 생각하는 사람입니다.

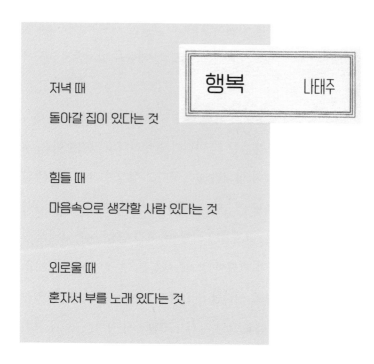

행복 나태주

저녁 때
돌아갈 집이 있다는 것

힘들 때
마음속으로 생각할 사람 있다는 것

외로울 때
혼자서 부를 노래 있다는 것.

우리 인간에게는 감정이라는 게 있어요. 행복, 불행을 느끼는 건 감정이지요. 분노하고 파괴적인 행동을 하는 것은 우리 육신입니다만, 그 근원에는, 그 에너지에는, 제일 밑에 있는 원래 그 출발점에는 감정이 있어요. 감정이 시켜서 우리에게 주먹을 들게도 하고, 악수를 하게도 하고, 웃게도 하고 그러는 것 아닐까

우리 육신의 근원에는, 그 에너지에는,

제일 밑에 있는 원래 그 출발점에는 감정이 있어요.

요. 그래서 감정을 다스리는 게 엄청나게 중요합니다. 행복감을 느끼는 것도 육신이 하는 게 아니에요. 육신이 하는 것을 마음이 느껴서 하는 것이죠. 그래서 정서, 마음을 어떻게 다스리고, 어떻게 갖고, 어떻게 운영하고, 어울려서 잘 사는가, 이게 매우 중요한 문제입니다.

오늘날 사회가 복잡해지고 여러 가지 필요가 많고 요구가 많고 선택할 것들이 막 득시글득시글하니까 자기 마음을 갖다 그냥 뭐 어디 서랍 속이나 어디 방구석에 쑤셔 박아버리듯 그냥 내버리고 사는 거예요. 그래서 이 마음을 잘 좀 들여다보고, 마음을 관리하고, 관심을 갖고, 보살펴주자. 이것이 내가 하려는 얘기고요, 이것이 바로 시라고 생각합니다.

명덕, 명명덕,
밝은 덕을 다시 밝혀라

'시는 망했다.' 이렇게 말하는 시인들이 있어요. 나는 절대로 망했다고 생각하지 않습니다. 일선에 나가보면 중년 여인들도 그렇고, 학생들도 그렇고, 심지어 초등학생들까지 얼마나 시에 대한 열정이, 요구가 강한지 몰라요. 그게 바로 마음이 고달프고, 마음이 힘들고, 마음이 우울해서 이 마음을 좀 도와달라고 사람들이 얘기하는 겁니다.

《대학》이라는 책을 보면 세 가지 덕목 중 첫 번째로 '명명덕 (明明德)'이라는 게 있어요. 그게 무슨 말씀이냐면 우리 사람은 원래 착한 존재이기 때문에 태어나면서부터 명덕을 가지고 있다는 거예요. 밝은 덕, 밝은 마음. 착하고 다른 사람을 잘 헤아려주고 도와주는 그런 밝은 마음, 명덕을 가지고 나왔는데, 그렇게 어린 시절을 살았고, 세상살이 인생을 출발했는데, 살다 보니까 이 명덕이 꺼진 거예요. 이두워진 거예요. 그걸 다시 밝히자. 그래서 밝을 명, 밝을 명, 큰 덕. 이렇게 앞에다 명 자를 하나 더 쓴 거예요. 밝은 덕을 다시 밝히자. 왜 그러냐. 꺼졌으니까. 어두워졌으니까.

이걸 우리 인생살이로 가깝게 끌어와서 비유적으로 생각해보면, 날마다 살아가면서 우리 마음은 늘 똑같은 게 아니에요. 그렇게 해야지 하고 출발했음에도 불구하고 그게 변하고 다른 것에 오염되고 나빠지기도 하고 지치기도 하고 우울해지기도 하고 어두워지기도 해요. 그러면 그걸 그냥 놔둬야 되느냐. 그렇지 않

우리 마음을 정화시킬 어떤 방법이
필요해요. 그것이 바로 음악을 듣는
것이고, 영화를 보는 것이고, 여행을
하는 것이고, 책을 읽는 것이고,
시를 쓰거나 읽는 것이고, 편지 쓰는
것이에요. 이런 모든 것들이 바로
그런 우리의 노력이에요.

습니다. 다시 본래의 내 마음, 안정되고 깨끗하고 맑고 지치지 않은 그 마음으로 돌아가야 돼요. 명명덕. 명덕으로 돌아가는 것처럼 그럴 때 우리 마음을 정화시킬 어떤 방법이 필요해요. 그것이 바로 음악을 듣는 것이고, 영화를 보는 것이고, 여행을 하는 것이고, 책을 읽는 것이고, 시를 쓰거나 읽는 것이고, 편지 쓰는 것이에요. 이런 모든 것들이 바로 그런 우리의 노력이에요.

이걸 또 조금 발전시키면, 우리 마음은 어떤 옷감 같아서 처음에는 깨끗했는데 우리가 살면서 쓰다 보면 이게 수건이나 걸레처럼 더러워져요. 그럼 이 더러워진 걸 어떻게 할 거냐? 다시 빨아야 된다. 저녁에 집에 돌아와서 더러워진 옷을 빨 듯이, 땀이 나고 기름때 묻어 더러워진 우리 몸을 샤워하듯이 우리 마음도 빨래가 필요해요. 마음을 빤다. 가장 좋은 방법 중에 하나가 시를 읽고 시를 쓰는 거예요. 그래서 내가 교도소에 강의하러 가서도 그런 얘기를 했어요. 내가 시를 안 썼으면 당신 자리에 가 있을 텐데, 내가 시를 쓰는 사람이라서 당신 자리에 가 있지 않고 말하는 사람이 됐다. 이런 걸 비유적으로 말했고, 또 마음속 깊이 생각을 했어요. 바로 그것입니다. 시가 나를 구원해줬다, 살려줬다, 나는 그렇게 생각합니다. 시가 아니라도 괜찮아요. 일기라도 좋습니다. 편지라도 좋아요. 글을 잘 쓸 필요는 없어요. 늘 얘기하는 것이지만, 잘 쓸 필요 없어요. 글 쓰는 것을 좋아하고 계속 쓰면 되지 잘 쓸 필요는 없어요. 글을 잘 쓰고 못 쓰고의 문제가 아니에요. 누군가가 좋아하는 글, 좋아하지 않는 글 이렇게 말할 수 있어요.

인간의 문제를 크게 나누면 시비(是非), 호오(好惡)가 있다고 생각해요. 시비는 옳고 그른 거예요. 맞았고 틀렸고, 지극히 지적인 문제이지요. 호오는 좋고 싫은 거예요. 글을 볼 때 내가 좋아하는 글이 있고 내가 별로 안 좋아하는 글이 있어요. 글로 등수를 매긴다든가 우열을 가릴 수는 있지만, 그리 대단한 건 아니에요. 내가 글을 삐뚤삐뚤 썼어도 나한테 그것이 진심이고 나한테 그것이 최선이면 그거는 그 사람한테는 백점이라는 얘기지요.

비교하는 삶을 살더라도 자신이 개발해서 좋아하는 삶을 살아야 돼요. 그런 사람일수록 비교하는 삶의 현장에서도 훨씬 좋은 성과를 내고 서로 잘 어울리면서 살지 않을까 그런 생각을 해요. 등산을 좋아하는 사람이라면 주말에 등산을 갔다 오면 월요일, 다시 비교하는 '지자'의 삶 속으로 들어가더라도 '호자'나 '락자'의 삶을 살았던 에너지나 부드러운 내면의 어떤 능력들이 작

시비(是非): 옳음과 그름을 따지다.

옳고 그름을 따지며 생기는 말다툼이나 좋지 않은 이유로 트집을 잡아서 말하는 것.

호오(好惡): 좋음과 싫음.

호불호라는 단어는 원래 호오를 뜻하는 단어.

용할 거라고 나는 생각해요. 그래서 오로지 '지자'로서만 살 수는 없는 거고, 또 그래서 '락자'나 '호자'로만 살 수도 없는 거예요. 이런 것들을 서로 병행해서 살아야 하는 거지요.

어린 벗에게

젊은 분들한테 제대로 전달될지 모르겠습니다만, 2007년 교직 정년을 맞고 나서 나는 이렇게 생각했어요. 지금까지 내가 '위인

지학(爲人之學)'을 했는데 이제부터는 '위기지학(爲己之學)'을 할 때
가 됐구나. 이게 무슨 소리냐면 공부를 하거나 무슨 일을 할 때
사람들과 어울려서 하는 것을 '위인지학'이라고 그래요. 사람들
과 어울려서 우열을 가리고 협동도 하면서 공부하고 사는 것을
'위인지학'이라고 해요. 그리고 나만을 위해서, 나의 기쁨을 위해
서, 나의 성취를 위해서 혼자서 즐거워서 하는 공부나 삶을 '위
기지학'이라고 그래요. 나는 이렇게 말하고 싶어요. 이 두 가지가
서로 교차되거나 같이 이루어져야 되는 것이다.

　오늘날 우리의 삶은 그냥 모든 것이 '위인지학'이에요. 이기
기 위해서 공부하고, 이기기 위해서 시험 보고, 이기기 위해서 일
찍 출근하고 일하지요. 그러다 보니까 피로하고 우울하고 짜증
나고 어둡고 불행하고 그러지 않나 생각합니다. 하지만 그걸 안
할 수가 없어요. 비교를 안 할 수가 없어요. 그러나 하더라도 절
대적인 안목으로 나 혼자만 할 수 있는 어떠한 좋은 것, 그런 세
계를 가져야 돼요. 그것이 가정이라면 참 좋을 것이고, 그것이 친
구와의 우정이나 이런 것이라도 진짜 좋을 것이고, 또 그것이 여
럿이든 혼자든 떠나는 여행이나 등산이라든가 무언가를 기르는
원예 등 이런 취미 활동이라면 좋을 것이고, 또 그것이 운동이라

위기지학

爲己之學

몸과 마음을 수양하여
인간으로서 마땅히 지녀야 하는
인격을 기르는 공부.

면 좋을 거라고 생각합니다. '위기지학'과 '위인지학'이 조화까진 아니지만 두 가지를 같이 할 수 있다면 피로도나 자존감이 떨어지는 것을 조금 막아주지 않을까 그렇게 생각이 듭니다.

　'인생'이라는 것이 뭔지 모르고 사는 것이에요. 잘 알고 인생을 사는 사람? 인생이 이것이다, 라고 정의 내리고 사는 사람? 뭐 그런 사람은 없을 거예요. 나는 인생이 무정의의 용어라고 생각합니다. 정의 없이 그냥 들어가는 그런 것이 바로 인생이라고 생각합니다. 그런 면에서 오늘 이야기도 뭐 필요한 것이 있으면 받아서 자기 것으로 하면 좋겠고, 이것이 소음으로 들린다면 그냥 바람 소리처럼 흘려보내도 좋을 것 같습니다.

우리는 이 세상에 아무렇게나 그냥 헛되게 온 것이 아닙니다. 아주 귀하게 온 유일무이한 존재로서의 우리들입니다. 부디 '이번 생은 틀렸다. 다음 생에 다시 살자.' 이렇게 생각하지 말았으면 좋겠습니다. 잘 오셨고, 그러므로 잘 사셔야 됩니다. 나는 인생의 날이 이제 많이 남지 않았습니다. 그렇지만 나는 열심히 살려고 합니다. 노력합니다. 좀 힘들고 어렵고 지친 그런 상황에 있더라도 잘 참으시고, 인생은 참 귀한 거니까, 아름다운 것이니

까, 그 인생을 보다 더 사랑하면서 당신 자신을 더 아끼면서 잘 살았으면 좋겠습니다.

우리는 날마다 날마다 새 사람이고 첫 사람입니다. 생각해 보십시오. 우리는 어제의 그 사람이 아니에요. 어제의 그 사람은 이미 갔고, 오늘 새로 태어난 사람이고 첫 번째 사람입니다. 그리고 우리가 맞이하는 오늘 이 하루도 새 날입니다. 첫날입니다. 그래서 새 날과 첫날에 새 사람과 첫 사람으로서 날마다 잘 사셨으면 좋겠습니다. 그것이 우리가 무정의의 용어로서 살아간다는 인생을 정말로 잘 사는 길이라고 생각합니다.

만나서 반가웠고요, 기뻤습니다. 고맙습니다.

빅 퀘스천

나 태 주

1945년 충청남도 서천군 시초면 초현리 111번지 외가에서
출생해 공주사범학교와 충남대학교 교육대학원을 졸업하고
오랫동안 초등학교 교사로 재직했다. 2007년 공주
장기초등학교 교장을 끝으로 43년간의 교직 생활을 마친 뒤,
공주문화원장을 거쳐 현재는 공주풀꽃문학관을 운영하고
있다. 1971년 <서울신문>(현 대한매일) 신춘문예에 시
<대숲 아래서>가 당선되어 문단에 데뷔했으며, 등단 이후
끊임없는 왕성한 창작 활동으로 수천 편에 이르는 시 작품을
발표해왔다. 쉽고 간결한 시어에 소박하고 따뜻한 자연의
감성을 담아 많은 독자의 사랑을 받고 있다. 한국인이 가장
사랑하는 시에 그의 작품 <풀꽃>이 선정될 만큼 많은
이의 사랑을 받는 대표적인 국민 시인이다. 흙의문학상,
충남문화상, 현대불교문학상, 박용래문학상, 시와시학상,
향토문학상, 편운문학상, 황조근정훈장, 한국시인협회상,
정지용문학상, 공초문학상, 유심작품상, 김삿갓문학상 등
많은 상을 수상했다.

지금은 공주에서 살면서 공주풀꽃문학관을 건립,
운영하고 있다. 풀꽃문학상과 해외풀꽃문학상을 제정
시행하고 있으며, 풀꽃문학관에서, 서점에서, 도서관에서
사람들을 만나러 전국 방방곡곡 다니는 게 요즘의
일상이다.
가깝고 조그마한, 손 뻗으면 충분히 닿을 수 있는
시인으로 기억되고 싶다.

풀꽃

나태주

자세히 보아야
예쁘다

오래 보아야
사랑스럽다

너도 그렇다.

행복

나태주

저녁 때
돌아갈 집이 있다는 것

힘들 때
마음속으로 생각할 사람 있다는 것

외로울 때
혼자서 부를 노래 있다는 것.

왼쪽의 시를 오른쪽 원고지에 필사해보세요.

Question_4

신뢰할 수 있는 사람은 무엇이 다른가?

류재언

《협상 바이블》의 저자 류재언 변호사입니다. 법무법인 율본의 기업 전담팀을 이끌며 기업들의 협상 컨설팅, 협상 자문, 협상 교육을 주로 담당하고 있습니다.

당신은 신뢰받는 메신저인가

여러분, 이런 경험들이 생각보다 많으실 겁니다. 내가 아주 신뢰하는 친구가 나에게 부탁을 한 경우와 내가 신뢰하지 못하는 친구가 나에게 부탁을 한 경우, 똑같은 부탁이라도 여러분의 태도가 완전히 달라지지요. SNS상에서도 이런 경험이 많으실 거예요. 내가 신뢰하고 좋아하는 사람이 포스팅하면 글을 읽지도 않고 일단 '좋아요'부터 누르고 그 글을 읽는 경우가 많지요. 그런데 내가 별로 신뢰하지 않거나 과장하고 거짓말만 하는 사람이 포스팅을 하면 읽을 생각도 않고 그냥 넘겨버릴 겁니다. 그 글이 생각보다 임팩트가 있느냐, 내용이 팩트냐 아니냐 이런 것들을 따지지도 않지요. 결론적으로는 우리는 신뢰할 수 있는 메신저로 자리매김해야만 비즈니스적으로 훨씬 더 좋은 협상을 할 수 있고, 훨씬 더 효과적인 설득을 할 수 있습니다.

김 과장이 팀장에게 보고를 하러 들어갑니다. 그리고 박 과장이 팀장에게 보고를 하러 들어갑니다. 이 팀장은 김 과장이 들어올 때 이미 손에 볼펜을 들고 사인해줄 생각을 합니다. 그런데 박 과장이 들어올 때는 뭔가 기분이 좋지 않아요. 똑같은 보고서를 들고 가도 김 과장이 보고를 하러 들어갈 때와 박 과장이 보고를 하러 들어갈 때 이 팀장의 반응이 전혀 다른 것이지요. 우리가 비즈니스를 하고 협상을 하고 대화를 하고 설득을 할 때 생각보다 이런 경우가 많습니다. 무슨 말이냐 하면 내가 상대방에게 어떤 메시지를 전달하는지보다 누가 그 메시지를 전달하는지가 훨씬 더 중요하다는 것이죠. 그게 바로 '메신 저 효과'입니다.

어떻게 하면 신뢰할 수 있는 메신저가 될 것이냐, 신뢰가 비 즈니스와 협상에 어떤 영향을 미치느냐, 신뢰를 쌓아 나가려면 어떤 전략을 택해야 될 것이냐, 어떤 패턴이나 어떤 습관으로 신 뢰를 잃어 나가느냐 한번 쭉 살펴보도록 하겠습니다.

신뢰할 수 없는 사람의 특징

신뢰가 여러분들의 업무와 비즈니스에 어떤 영향을 줄까요. 신 뢰할 수 있는 상대방과 협상할 때, 그리고 신뢰할 수 없는 상대방 과 협상할 때 어떤 결정적인 차이점이 있을까요. 한번 생각해봅 시다.

A사의 김 부장이 있습니다. 내가 5년 넘게 협업해오고 같 이 업무를 수행하면서 이 사람은 어떤 상황에도 흔들리는 사람 이 아니고, 나와 우리 기업의 신뢰를 굉장히 중시하는 사람이라 고 생각하면 김 과장이 어떤 부탁을 할 때 전화 한 통만 해도 문 제가 손쉽게 해결될 수 있습니다. 그런데 내가 신뢰할 수 없는 상

메시지보다
메신저가 중요하다

객관적 진실에 가까운지를 판단할
때 전달하는 메시지의 내용보다
메신저(전달자)에 대한 주관적 신뢰도와
호감도가 설득 여부를 결정 짓는다.

대방과 협업할 때는 모든 것이 사사건건 전부 다 의심됩니다. 그래서 법무팀의 검토도 받고 계약서를 체결할 때도 사실 여부를 계속 검증하지요. 그러다 보니 시간이 지체되는 거예요. 시간이 지체된다는 것은 결국 관계에 있어서, 거래에 있어서, 비즈니스에 있어서 비용이 훨씬 더 증가하는 것이죠. 생각해보면 여러분도 이런 경험이 많으실 겁니다. 《신뢰의 속도》라는 책에서도 신뢰가 비즈니스에 미치는 영향을 크게 두 가지 차원에서 이야기합니다. 첫째 거래 속도가 빨라지고, 둘째 거래의 비용이 줄어든다는 것이죠.

그런데 조직에서 별로 신뢰받지 못하는 사람들이 있어요. 상대방이 똑똑하다는 건 알지만 그 사람을 신뢰하지 못하는 그런 사람들의 특징 몇 가지를 한번 살펴보겠습니다. 첫째, 일을 맡기면서도 믿지 못하고 계속 의심하고 간섭합니다. 이건 사실 자신이 신뢰와 관련된 경험이 없어서일 가능성이 굉장히 높습니다. 그 자신도 업무에 있어서 누군가에게 제대로 신뢰받지 못하고 끊임없이 의심받으면서 일을 해왔기 때문에, 즉 불신이 일상화되어 있기 때문에 누군가에게 일을 맡길 때도 신뢰하지 못하는 것이지요.

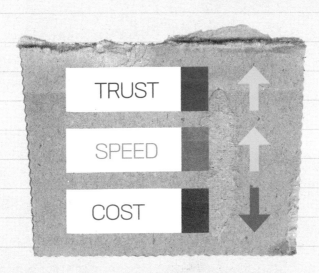

A 팀장이 있습니다. 팀원에게 일을 맡길 때 정말 사사건건 간섭하고 지긋지긋할 정도로 계속 의심하는 마이크로매니징을 합니다. 마치 의처증, 의부증이 있는 것처럼요. 충분히 잘하고 있고, 조금만 더 시간을 주면 성과를 보여줄 수 있는데, 그 자신이 업무 관계에서 항상 신뢰를 받지 못하면서 일해왔기 때문에 남에게 일을 맡길 때도 제대로 위임하지 못하고 사사건건 의심하고 간섭하는 마이크로 매니징(Micro Managing)을 하는 것이지요. 사실 이런 사람들과는 신뢰 관계를 가지고 일을 하기가 쉽지 않습니다.

둘째, 신뢰 없는 사람들은 철저히 자기 중심적입니다. 이런 사람들과 협상을 한다, 거래를 한다, 업무를 진행한다⋯⋯. 사실 쉽지 않은 일입니다. 이들은 말을 할 때도 철저히 자기 중심적이고, 업무를 진행할 때도 상대방에 대한 배려 없이 철저히 자기 중심적이고, 성과를 나눌 때도 철저하게 자기가 공을 다 가지고 갑니다. 이런 사람들, 떠오르시죠. 누구나 주위에 하나쯤은 이런

일을 맡기면서도 믿지 못하고
계속 의심하고 간섭한다.

신뢰를 못 받아왔으니, 본인도 일을 제대로
위임하지 못한다.

철저히 자기 중심적이다.

말을 할 때, 업무를 할 때, 성과를
나눌 때에도 결국 저 사람에게
다 맞춰줘야 되는구나, 결국 이
관계는 **끝이 나겠다**는 생각이
들게 한다.

사람이 있을 겁니다.

이런 사람들과 일을 할 때면 '이 관계는 저 사람한테 100% 다 맞춰줘야만 이어질 수 있는 관계구나. 결국 이 관계는 깨질 수밖에 없겠구나' 하는 생각이 딱 들 겁니다. 사실 업무도 그렇고 거래도 그렇고 협상도 그렇습니다. 상대방의 입장에서 바라보고 상대방이 어떤 부분에서 무엇을 얻어갈 수 있을지 생각해 서로 윈윈할 수 있는 구조를 확보하지 못하고 철저하게 나는 얻고 상대방은 잃는 방식으로 업무를 처리하면 신뢰를 받을 수 없는 것은 물론이요, 사람들이 다 떠나갈 겁니다.

셋째, 감정적인 부분에서 상대방을 정말 조금도 고려하지 않습니다. 이런 사람과는 서로 신뢰하면서 일을 할 수 없어요. 이런 사람들과 업무를 하다 보면 감정 소모가 극심합니다. 내가 지금 이 사람이랑 왜 이러고 있나 하는 생각이 들지요. 이런 사람들은 똑같은 말을 해도 굉장히 뼈아프고 기분 나쁘게 합니다. 충분히 좋은 의도로 충분히 좋은 메시지를 전달할 수 있음에도 불구하고 뼈 때리는 말로 상대방을 공격하는 것처럼 이야기하면서 감정을 긁는 겁니다. 이런 사람들에게 우리가 어떻게 신뢰를 가지고 일을 할 수 있을까요.

똑똑한데 신뢰가 없는 사람들
특징 3.

상대의 감정을
고려하지 않는다.

시간으로 갑질한다.

자기의 시간에는 관대, 타인의
시간에는 엄청나게 엄격하다.

똑똑한데 신뢰가 없는 사람들
특징 4.

원하는 결과가 도출되지
않으면 이 관계는
언젠가는 끊길 것이라는
것을 넌지시 암시한다.

똑똑한데 신뢰가 없는 사람들
특징 5.

넷째, 시간으로 소위 '갑질'을 합니다. 모든 맥락이 굉장히 자기 중심적이어서 자신에게 다 맞춰달라고 하는 이런 사람들은 시간에 있어서까지 비슷한 태도를 보입니다. 자신의 시간에는 굉장히 관대하고 타인의 시간에는 엄청나게 엄격하게 대응하는 것이지요. 이렇게 자신에게 다 맞춰야 한다는 방식으로 업무를 진행하다 보면 결국 업계의 평판이나 그 사람에 대한 소문이 안 좋아지면서 점점 신뢰를 잃게 되는 패턴이 반복됩니다.

마지막으로 다섯째, 똑똑한데 신뢰할 수 없는 사람은 원하는 결과가 도출되지 않으면 언제든 관계가 끊길 수 있다고 넌지

시 암시하는 태도를 보입니다. 업무를 진행하다 보면 항상 원하는 결과가 도출되는 것은 아닙니다. 잘 될 때도 있고, 잘 안 될 때도 있지요. 그 과정을 함께해 나가면서 서로 계속 더 발전하도록 노력하는 것이 일상적인 신뢰를 가진 관계입니다. 자기가 원하는 결과가 도출되지 않았다고 해서 관계가 끊어질 수도 있다며 압박하는 경우, 상대방도 언젠가는 떠나야겠다는 생각을 하면서 일을 하게 됩니다. 자기가 원하는 결과가 나오지 않으면 언제든 관계를 끊겠다는데 그러기 전에 내가 먼저 떠나야 되겠다고 생각하는 것이지요.

신뢰를 만드는 대화의 기술, 감성을 자극하라

세계적인 헤지펀드계의 대부 레이 달리오의 사례를 말씀드리고 싶습니다. 브리지워터 어소시에이츠를 설립하고 지금까지도 회장으로서 왕성하게 활동하고 있는 분입니다. 이분이 쓴《원칙》이라는 책에 이런 이야기가 나옵니다. 1993년 겨울 어느 날, 그가 설립한 회사의 주요 임원인 밥과 지젤, 그리고 댄이 그를 저녁

식사에 초대했습니다. 그가 회사의 사기에 어떤 영향을 미치는지에 대해 이야기하기 위해서였지요. 이들은 메모를 보여줬습니다. 레이 달리오가 잘하는 것은 무엇일까 하는 질문의 답이었지요. 메모의 내용은 다음과 같았습니다.

레이 달리오가 잘하는 것은 무엇일까

레이 달리오는 매우 똑똑하고 혁신적이다.

시장과 자금 관리에 대해 잘 알고 있다.

열정적이고 에너지가 넘친다.

매우 높은 기준을 가지고 있고 주변 사람들에게 그 기준을 요구한다.

레이 달리오는 고개를 끄덕였습니다. 임원들은 두 번째 메모를 전달했습니다. 이 메모는 좀 뼈아픈 내용이었어요. 레이 달리오가 잘하지 못하는 것은 무엇일까 하는 제목의 메모였지요. 그 내용은 이랬습니다.

레이 달리오가 잘하지 못하는 것은 무엇일까

레이는 직원들이 무능하거나 쓸모없거나 창피하거나 압도당하거나 왜소하거나 압박을 받는다는 생각이 들도록 만들거나 다른 방식으로 기분이 나쁘게 만든다.

레이가 스트레스를 받으면 이런 일이 일어날 확률이 높아진다.

이런 행동들은 직원들의 의욕을 꺾는 방향으로 작용한다. 또 생산성을 감소시키고 근무 의욕도 저하시킨다.

이럴 경우, 다른 사람들에 대한 레이의 말과 행동은 적대감을 불러일으키고 지속적으로 영향을 미친다.

한 회사의 대표로서 직원들에게 이런 메시지를 전달 받으면 가슴이 무너질 겁니다. 특히나 레이 달리오는 굉장히 성공한 사업가였거든요. 직원들과의 커뮤니케이션에 있어서 극단적인 투명성을 강조하는 사람이기도 했지요. 사실을 기반으로 이야기하면 아무런 문제가 없을 거라는 전제하에 완전히 투명하게 거짓 없이 있는 사실 그대로 전달하는 것에 골몰했던 사람이었어요. 물론 이런 방식에도 장점은 있습니다. 그런데 치명적인 단점도 있어요. 직원들이 감정적으로 너무나 힘들어하고, 그를 무서워하고 두려워하게 되는 것이지요. 레이 달리오가 계속 이런 방식을 따랐다면 직원들과 거리감이 생기고 벽이 생겨 업무가 마비될 수도 있고 커뮤니케이션이 잘되지 않을 가능성이 높아졌을 겁니다.

회사에서 일하면서 우리는 실제로 이런 경우를 많이 봅니다. 회사에는 대표가 있고 리더가 있고 상무가 있고 전무가 있는데, 직원들이 특정 임원을 굉장히 무서워하면서 제대로 말을 섞지도 못하고 그 사람과는 웬만하면 시간을 같이 보내려고 하지도 않고 점심을 먹는 것조차 힘들어하는 경우가 있어요. 저 역시 함께 일한 법무실장님 중에 그런 분이 있었는데, 굉장히 힘들었

레이 달리오는 굉장히 성공한
사업가였으며, 직원들과의
커뮤니케이션에 있어서
극단적인 투명성을 강조하는
사람이기도 했지요.

사실을 기반으로 이야기하면
아무런 문제가 없을 거라는
전제하에 완전히 투명하게 거짓
없이 있는 사실 그대로 전달하는
것에 골몰했던 사람이었어요.

어요. 그분은 좋은 의도로 사실을 중심으로 제게 이야기했지만, 당하는 사람으로선 '저 사람이 왜 저렇게 팩트 폭행을 하지? 왜 저렇게 나를 공격하지? 내가 마음에 들지 않나?' 그런 생각이 들면서 감정적인 손실감이 뼈아프게 느껴졌어요. 그러면서 점점 더 그와 거리를 두게 되었지요. 그런 경우가 생각보다 많습니다. 제가 말씀드리고 싶은 핵심은 바로 이런 부분입니다.

여러분, 상대방과 이야기할 때 조금만 더 상대방의 감정과 감성적인 부분을 배려한다면 그 호감의 감정이 내가 원하는 메시지를 효과적으로 전달하는 데 훨씬 더 도움이 될 거예요. 상대방을 설득할 때 논리적인 부분, 이성적인 부분, 감정적인 부분, 감성적인 부분 중 어떤 부분에 조금 더 주안점을 두는지 한번 떠올려보세요. 이성적인 부분에 더 신경을 쓰시나요 아니면 감성적인 부분, 감정적인 부분에 더 신경을 쓰시나요. 설득을 하거나 협상할 때는 사실을 기반으로 접근하는 게 기본일 겁니다. 그런데 문제는 사실을 기반으로 한 설득이 너무 극단적으로 발전해서 오로지 사실로만 상대방을 설득하려는 패턴이 계속 반복되다 보면 오히려 설득력이 떨어지는 경우가 많다는 것이죠.

그 이유는 이렇습니다. 기본적으로 상대방이 설득되는 과정을 분석해봅시다. 먼저 감정적인 부분이 조금 바뀝니다. 감정적인 부분에서 변화의 시작이 나타나는 것이지요. '저 사람 되게 호감이네.' '저 사람 되게 느낌 괜찮은데.' 이런 식으로 먼저 접근이 이뤄져요. 그다음에 '저 사람 신뢰할 수 있겠는데', '저 사람이 하는 이야기는 정확한 것 같아' 이렇게 인식 차원이 바뀌면서 행

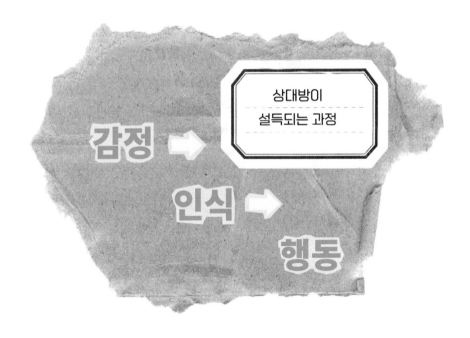

동으로까지 옮겨지는 경우들이 많아요. 그런데 감정적인 부분이나 감성적인 부분을 너무 과소평가하고 정보나 논리, 인식 부분을 너무 과대평가해서 사실만으로 접근하다가 생각보다 상대방이 설득되지 않는 경우가 많아요. 사실을 기반으로 한 협상을 위해 전체 시간의 90% 정도를 쏟아부어 정보와 논리를 준비한다면 적어도 5~10% 정도는 상대방이 나에게 호감을 갖게 하기 위해서, 그리고 나를 신뢰하게 하기 위해서 감정적이고 감성적인 영역에 투자한다면 설득의 효율을 높이는 데 훨씬 더 유리할 겁니다. 여기에는 여러 가지 방법들이 있겠죠.

신뢰를 만드는 대화의 기술, 호감 전략이 필요하다

여러분은 어떻게 상대방이 나에게 호감을 느끼도록 하시나요? 여러분은 처음 만난 사람에게 어떻게 신뢰를 주고 호감을 주나요? 꼭 처음이 아니더라도 오랜만에 만나서 중요한 미팅을 할 때 어떻게 호감을 표시하시나요? 여러분 각자에게 맞는 자신만의 호감 전략이나 신뢰 전략이 필요합니다.

5단계 신뢰관계도　Relation chart of trust

신뢰 단계	대화 분위기	고객의 반응
1단계	차갑다	약속을 잡기 위해 전화를 걸어도 "무슨 일인데요?", "바쁩니다"라며 쌀쌀맞게 경계한다.
2단계	조금 따뜻하다	고객을 만나긴 해도 비즈니스에 관한 이야기를 꺼내면 "고마워요. 검토해보겠습니다"처럼 형식적인 대답만 할 뿐 생산적인 반응이 없다.
3단계	따뜻하다	전화를 걸어서 "시간 좀 내주십시오"라고 부탁하면 용건을 몰라도 만나준다.
4단계	협력적이다	비즈니스를 성사시키기 위해 어떻게 해야 하는지 조언과 격려를 해준다.
5단계	친밀하다	언제든지 "계약을 맺어주십시오"라고 부탁할 수 있고, 설령 지금은 하지 않더라도 "다음엔 반드시 하겠습니다"라고 대답한다.

얼마 전에 인상적인 분을 만났습니다. 30대 후반 여성 한의 사였어요. 요즘 한의원, 사실 쉽지 않잖아요. 홍삼이나 보약을 대체하는 영양제들도 많고 양약도 많지요. 게다가 병원 시장이 워낙 커지다 보니 한의원이 옛날처럼 잘되는 경우가 드문데, 이분은 한의사로서 굉장히 승승장구하고 있었어요. 굉장히 조용하고 차분하신 분인데, 한의원을 아주 잘 운영하고 계시더라고요. 그래서 한번 물어봤습니다. 요즘 한의원 운영하는 거 너무 힘든데 어떻게 그렇게 환자들에게 잘 대해주시고 영업도 잘하셔서 한의원을 잘 운영하시는지 궁금하다고요. 그분이 웃으면서 그러시더라고요. 자신은 내성적인 사람이라 술을 마시거나 골프를 치는 방식의 영업은 못 하신다고요. 그러면서 사실 수년 동안 자신의 내성적인 성격에 맞는 신뢰를 주는 방식, 호감을 주는 방식이 무엇일지 오랫동안 고민하셨대요. 그 결과, 한 가지 방법을 찾아 환자들과 커뮤니케이션하고 신뢰 쌓는 과정에 굉장히 잘 활용하고 있다고 이야기하시는 거예요.

그 방식이 뭔지 질문했더니 환자들마다 진료를 받을 때 자신의 통증을 표현하는 독특한 방식들이 있대요. 비만 오면 오른쪽 어깨가 송곳으로 찌르는 것처럼 아프다는 분이 있는가 하면

왼쪽 무릎이 저릿저릿 아프다고 이야기하는 분도 있다는 거죠. 이분은 환자들이 고통을 표현하는 방식을 차트에 아주 꼼꼼하게 적어두었다가 그 환자가 오랜만에 방문하더라도 차트를 살짝 보고 이야기한다는 거예요. "왼쪽 무릎이 저릿저릿 아프다고 하셔서 지난번에 침을 놔드렸는데, 차도가 좀 있으신가요?" 이런 식으로 딱 이야기한대요. 그러면 환자가 '몇 달 만에 왔는데, 이 한의사가 내가 어디가 아픈지 정확하게 기억하네' 하고 놀라는 한

편 호감의 감정이 들면서 신뢰감이 생긴다는 거죠. 자신의 내성적인 성격에 맞춰 호감과 신뢰를 잘 전달할 수 있는 방법을 고민해 잘 활용하고 있는 거예요.

여러분도 상대방과 업무를 하거나 설득하거나 협상해야 할 때 어떻게 사실을 기반으로 상대방의 인식을 바꿀 것인지 생각하는 동시에 감정적인 부분, 그리고 감성적인 부분에 접근해 어떻게 상대방에게 호감을 줄 것인지, 신뢰를 줄 것인지 한번 생각해보는 게 필요하지 않을까 하는 생각이 듭니다. 감정적·감성적인 부분을 간과하고 사실 관계에만 치중해 협상을 진행할 경우 단점이 생각보다 많거든요.

당신은 어떤 협상자인가

한 가지 추가적으로 말씀드리고 싶은 부분은 신뢰를 쌓아 나가는 과정이 마일리지를 적립하는 것과 비슷하다는 점입니다. 한번 비싼 걸 사준다고 해서 신뢰가 확 생기지는 않아요. 반대로 우리나라 사람들이 신뢰를 잃는 패턴은 크게 두 가지입니다.

첫 번째, 습관적인 말 빚이에요. "코로나가 잠잠해지면 맥주

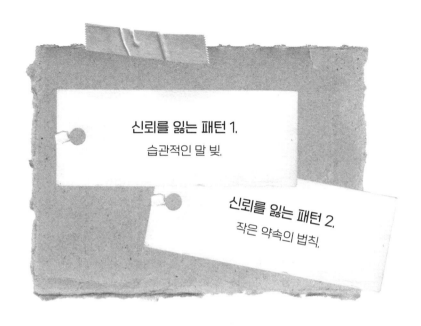

신뢰를 잃는 패턴 1.
습관적인 말 빚.

신뢰를 잃는 패턴 2.
작은 약속의 법칙.

한잔해요"라는 말을 1년에 300번 정도 하는 분들, 주위에 많으시죠. 그런데 이런 분들하고 지금까지 맥주 한 잔 한 적 없을 겁니다. 그런데도 그 말을 지난 3년 동안 1200번 정도 반복한 거예요. 이게 습관적인 말 빚이에요. 말 빚도 채무입니다. 혹시 흠칫하는 분들이 있다면 한번 생각해볼 필요가 있어요.

　두 번째, 작은 약속의 법칙입니다. 큰 약속은 잘 어기지 않아요. 왜? 중요하니까. 그런데 사람의 됨됨이가 드러나는 것은 작은 약속이에요. 굳이 지키지 않아도 될 것 같은 작은 약속을 어기는 일을 계속 반복한다면 그 사람은 누군가의 신뢰를 지금도 계속 잃어가고 있는 겁니다.

저는 이 말을 좋아합니다. 제 책에도 나오는 문장이에요. '모든 협상과 설득은 두 가지를 남긴다. 하나는 내가 원하는 결과물이고 또 하나는 인간관계다.' 이 두 가지 중 어느 하나 놓치는 것 없이 이 두 가지 모두를 얻는 것. 그것이 바로 고수들의 협상 방식이에요. 여러분도 협상하면서 항상 느낄 거예요. 협상이 끝

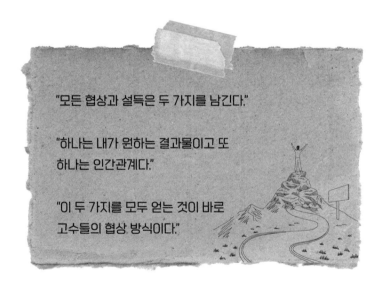

"모든 협상과 설득은 두 가지를 남긴다."

"하나는 내가 원하는 결과물이고 또 하나는 인간관계다."

"이 두 가지를 모두 얻는 것이 바로 고수들의 협상 방식이다."

나면 두 번 다시 보기 싫은 생각이 드는 사람이 있는가 하면 이 일을 잘 진행하고 저 사람이랑 또다시 일을 한번 해보고 싶다, 그런 생각이 드는 사람도 있을 겁니다. 여러분은 어떤 협상자인지 한번 생각해보세요. 여러분이 협상을 하는 데 있어 자신이 원하는 결과를 얻되 사람과의 관계도 챙겨 나가는 그런 협상을 하시기 바랍니다.

빅
퀘
스
천

———

류
재
언

서초동에서 일하고 글을 쓴다. 라디오를 들으며
밤 운전하는 걸 좋아한다. 협상 전문가로 기업과
정부 기관에 협상을 자문하고 있다. 변호사이자
남편이자 세 아이들의 아버지로 살아오면서
인생을 바꾸는 대화들을 만났다. 저서로《류재언
변호사의 협상 바이블》,《대화의 밀도》가 있다.

브런치 @jaeeonryoo
인스타그램 @ryoo_jaeeon
유튜브 @negobible

나의 협상법

나는 어떻게 협상하나요? 나만의 협상 방법을 적어보세요.

Question_5

인구 절벽 위기, 기회로 바꾸는 법

전영수

인구 통계와 세대 분석을 통해 시대 변화를 읽어내려는, 인구와 관련된 여러 가지 현상들을 경제학적으로 읽어내려는 한양대학교의 전영수입니다.

저출산 고령화, 한국이 사라진다

한국이 지구상에서 가장 먼저 사라질 나라가 될 거라는 굉장히 무섭고 살벌한 경고가 최근에 잇따라 발표되고 있습니다. 사실 한국의 인구 변화와 관련된 여러 가지 조짐이나 징후들이 갑작

스럽게 생겨난 것은 아닙니다. 굉장히 긴 시간에 걸쳐서 많은 연구자들에 의해 지적돼온 부분입니다. 전 세계 국가 중 소멸하는 국가 1호가 될 거라는 징조도 사실은 10여 년 전에 이미 발표된 바 있습니다. 최근 5~10년 정도에 걸쳐서는 북한의 핵보다 더 위험한 조짐이 바로 저출산 고령화라는 단어로 종합할 수 있는 인구 변화 이슈라는 지적도 있었습니다.

2017년 크리스틴 라가르드 전 IMF 총재가 한국에 방문했을 당시 인터뷰에서 저출산 고령화가 지금처럼 계속 진행된다면 한국은 집단 자살 사회를 향해 달려가고 있는 것이나 마찬가지라는 얘기로 충격을 주었지요. 실제로 외신에서 바라보는 한국의 인구 변화와 관련된 위기감이나 굉장히 불행한 혹은 갈등적인 흐름에 대한 많은 지적들이 있어왔습니다. 전대미문의, 인류 역사상 어느 사회도 기록하지 못했던 0.81명이라는 출산율을 발표한 2021년 한국의 통계자료만 놓고 봐도 외신의 지적은 틀리지 않은 것 같습니다. 이 추세가 2030년까지 계속된다면 충남 인구 전체가 사라지는 정도의 수준까지

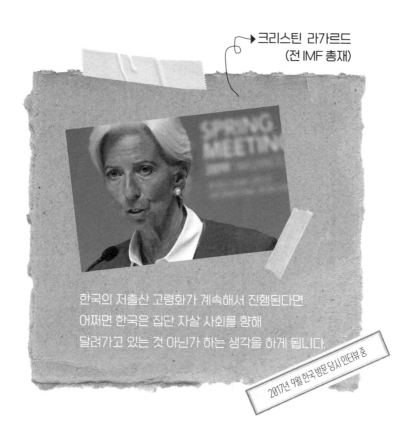

크리스틴 라가르드
(전 IMF 총재)

한국의 저출산 고령화가 계속해서 진행된다면
어쩌면 한국은 집단 자살 사회를 향해
달려가고 있는 것 아닌가 하는 생각을 하게 됩니다.

2017년 9월 한국 방문 당시 인터뷰 중

양적인 인구 변화를 체감할 수 있을 겁니다.

이러한 절멸의 위기와 관련해 많은 경고와 예측들이 있었
지만 안타깝게도 현실과 통계의 괴리는 계속해서 벌어지고 있습
니다. 특히나 최근 5년 동안에 벌어진 저출산발 인구 구조의 변

화는 이제 본격적인 경로에 진입해 체감할 수 있는 정도가 되었습니다. 인구 감소의 위기가 도대체 얼마나 심각하길래 이런 경고들을 계속해서 들어야 하는 걸까요. 사실 인구 변화와 관련된 경고는 오래전부터 있었습니다만, 우리가 그것을 체감하고 인식하고 본격적으로 논의하는 과정은 아직 시작되지 않은 것 같습니다.

서울로 서울로, 무너지는 지방

이와 관련, 2년 전부터 언급되는 지방 대학의 몰락 스토리는 주목할 만합니다. 이른바 '벚꽃 엔딩'이라고 표현하는데, 지방 대학이 사실상 대학으로서의 지위를 유지할 가능성이 굉장히 빠른 속도로 줄어들고 있습니다. 이유는 간단합니다. 두 가지 측면으로 나눠볼 수 있어요. 첫째, 지역에서 입시를 보고 해당 대학에 들어가야 할 인구가 자연 감소하기 시작했어요. 둘째, 지방 인구 중일부가 지방 대학을 선택해서 시험을 보고 입학하면 그나마 충격이 완화될 텐데 지방 거주 청년 인구들의 상당수가 서울과 수도권을 향해서 사회 이동, 이른바 사회 전출을 계속하다 보니 상대

<벚꽃 엔딩>

지방 대학, 벚꽃 피는
순서대로 망한다?

지방 대학→ 대학 유지 가능성↓

지역에서 입시를 보고
해당 대학에 들어가야 할
인구들이 자연 감소하기
시작했다.

지방 거주
청년 인구의 상당수가
서울과 수도권으로 사회 이동
(사회 전출)을 반복한다.

적으로 지방 대학의 인기가 떨어질 수밖에 없습니다. 이런 이중 충격이 맞물려서 '벚꽃 엔딩'이 가속화되고 있는 것이지요. 특히나 지방 거점 국립대들, 서울의 상위권 대학과 비교해도 떨어지지 않는 명성이나 지명도를 갖추고 있었던 대학들조차도 2년 전에는 8개 중 7개 대학이 미달 사태를 겪어야 했어요. 지난 입시에서는 8개 대학 전부 미달 학과가 발생했다고 합니다. 지방 대학들은 사실상 인구 구조 변화의 전면에 서 있다 보니 짧은 시간에 이 모든 충격을 전면에서 맞닥뜨릴 수밖에 없는 상황입니다.

지방 지역은 사실상 이미 초고령화 공간으로 진입한 상태라고 볼 수 있습니다. 일부 지역은 65세 이상 인구가 40~50%를 웃돌기도 합니다. 65세 이상 인구, 이른바 경제활동인구가 아닌 피부양 인구가 전체 인구의 절반 이상을 점하고 있는 것이지요. 당연히 활력은 줄어들고, 순환경제는 작동을 멈추게 됩니다. 인재도 줄어들지요. 인재가 줄어들다 보니 지역의 토착 산업들, 토종 산업들을 유지해왔던 기업이나 조직들은 인재를 뽑지 못해서 해당 권역에서 잔존하기가 어려워집니다. 회사를 굴리기 위해 이들이 서울이나 수도권으로 이동하면서 새로운 사회 전출을 또 추동하게 됩니다. 지역사회를 굴러가게 해주었던 순환경제는 멈

취 서고 그 속에서 맥동하던 활력이나 혁신 같은 소위 미래 지향적 이슈들은 수면 아래로 가라앉을 수밖에 없습니다. 행정이든 산업이든 인구 구조든 결국 유지 불능 상태에 들어갈 수밖에 없습니다.

인구 위기는 곧 조세 위기, 개혁이 절실하다

안타깝게도 한국 사회는 지방뿐만 아니라 전체적으로 여전히 세대 부조형 사회 제도를 가지고 있습니다. 세대 부조형 구조는 삼각형을 생각하면 쉽게 이해할 수 있습니다. 끊임없는 인구 공급을 통해 경제활동인구가 탄탄하게 밑을 받쳐주고, 그들의 경제 활동이나 조세 활동으로 분자에 위치한 소위 65세 이상 인구를 부양하는 구조이지요. 우리 가정도 똑같지 않습니까? 부모가 은퇴하면 자녀가 부모를 봉양하던 세대 부조형 사회 제도가 굉장히 긴 시간 동안 공고히 유지돼왔는데, 이제는 더 이상 기능할 수 없게 된 것이지요.

　초저출산 기조로 삼각형 모델이 결국 역삼각형으로, 이른바

가분수로 바뀔 것으로 보인다면 그런 움직임이 공고화되기 전에 서둘러서 지속가능한 방식으로의 제도 전환 혹은 재구성이 이뤄져야 합니다. 그 가장 선두에 선 개혁 과제는 조세나 준조세 개혁입니다. 세금 문제죠. 소득세 혹은 직접세를 포함해서 소득세나 간접세와 관련, 지금 같은 방식의 세율이나 규모를 가지고는 65세 이상 인구, 특히나 이제 본격적으로 늘어날 초고령화의 수요를 감당하기 어렵습니다. 당연히 1인당 납부해야 될 세금의 양이 늘어날 수밖에 없어요. 국민연금, 건강보험 같은 준조세 성격을 띤 다섯 가지 사회보험도 고부담 저급여 형태로 이동하는 개혁의 흐름이 끊임없이 이어질 수밖에 없습니다. 사실상 모든 부담이 후속 세대에게 집중될 수밖에 없는 것이죠.

우리나라는 이제 공식적으로 선진국이라는 얘기를 많이 하고 있습니다만, 이것도 한번 생각해봐야 합니다. 이미 선진국에서 탈락할 위기에 들어갔다고 얘기

하는 일본처럼 펀더멘털이 탄탄하지 않은 상황에서 인구 구조의 변화 때문에 사회 제도를 유지할 수 없는 소위 미스매칭, 엇박자의 위기에 들어섰다고밖에 할 수 없습니다.

천년제국 로마를 무너뜨린 것도
결국은 '인구'

미국과 중국이 인구 위기에 처했다고들 하는데, 그 원인 은 과연 어디에 있을까요. 천년제국이라고 얘기하죠. 강력했던 천년제국 로마가 멸망한 이유, 혹시 알고 계시나요. 인류 최초의 제국답게 로마제국은 넓은 땅에서 굉장히 긴 시간 동안 강력한 리더십으로 서양사를 만들어온 중추적인 존재였죠. 그중 역사의 한 부분을 차지하는 스파르타. 우리에게는 <300>이라는 영화로 굉장히 유명한 스파르타. 그리고 트로이 목마로 유명한 트로이. 이 두 국가는 로마의 단편을 이루었던 '멤버' 국가 중 하나였어요. 스파르타와 트로이도 결국 멸망했죠. 로마제국의 전체적인 멸망에 앞서서 멸망했는데, 왜 멸망했는가 하는 문제를 놓고 많은

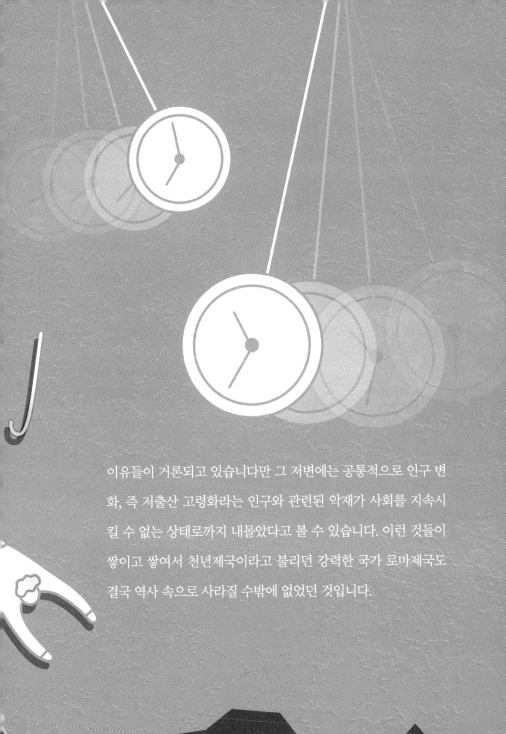

이유들이 거론되고 있습니다만 그 저변에는 공통적으로 인구 변화, 즉 저출산 고령화라는 인구와 관련된 악재가 사회를 지속시킬 수 없는 상태로까지 내몰았다고 볼 수 있습니다. 이런 것들이 쌓이고 쌓여서 천년제국이라고 불리던 강력한 국가 로마제국도 결국 역사 속으로 사라질 수밖에 없었던 것입니다.

특히나 로마제국의 전성기였던 클라우디우스 황제 때는 '인구 대국'이라고 불리기까지 했어요. 제국의 역사라는 게 기본적으로 주변의 영토나 자원들을 획득해가는 과정에서 끊임없이 성장하고 그에 따른 인구의 공급을 통해 지속가능성을 만들어내는 과정입니다. 바로 이런 것들이 천년제국을 만들어낸 중요한 출발점이지요. 전성기 때 로마제국에서는 한 가구에 10명 정도 자녀들을 두는 경우도 흔했습니다. 역사학자 에드워드 기번은 이에 주목해 제국의 파워, 위력은 인구의 숫자, 인구의 질에 기여할 수밖에 없다는 평가를 내렸습니다.

제국이란 기본적으로 성장의 한계를 하나하나 극복하기 위해 주변 국가들을 복속시키고, 그 과정에서 주변 국가들이 가지고 있었던 자원들을 쟁탈할 수밖에 없어요. 이 쟁탈의 결과들이 계속해서 반복되면 사실상 끊임없는 성장 지향형 영토 확장이 가능해지는 것이지요. 하지만 제국이라고 해도 영원히 계속해서 주변을 장악할 수 있는 것은 아닙니다. 시간이 가다 보면 결국 멈출 수밖에 없는 상황에 봉착하게 됩니다. 그러면 이제 내적 갈등이나 숨겨져 있던 문제들이 불거지기 시작합니다.

대표적인 게 한정된 자원입니다. 이른 바 더 이상 획득하기 힘든 부가가치가 줄어든 자원들과 관련해 세대 혹은 연령별 격차가 벌어지면서 빈부의 양극화를 추동하게 됩니다. 자원 쟁탈전은 특히나 기성 세대에 비해 열등한 위치에 놓일 수밖에 없는 청년 인구들의 미래에 대한 불확실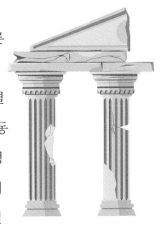성을 키울 수밖에 없어요. 그러다 보면 출산을 기피할 수밖에 없는 상황들이 하나둘 불거지기 시작합니다. 이런 상황에서 시간이 쌓이고 경험이 확산되다 보면 결국 제국의 몰락이라는 굉장히 큰 결과가 만들어지는 것이죠.

　로마제국의 경우, 멸망 시점의 인구만 놓고 보면 전성기 때의 절반 이하로 떨어졌다고 합니다. 인구가 절반 정도 수준만 되더라도 체제를 유지할 만한 일정 정도의 효과는 있다고 합니다만, 사실상 인구가 절반 정도로 줄어들면 해당 사회의 제도나 철학의 지속가능성이 급격하게 훼손될 수밖에 없습니다.

146 x 147

먹이가 없어 서울로 왔더니
둥지가 없어 알을 못 낳겠네

로마제국의 멸망에서 확인할 수 있듯 제국의 확장이 불가능한 상황, 즉 고성장이 끝난 상황, 저성장으로의 시대 변화는 사실상 인구 변화를 만들어낸 중요한 원인입니다. 성장성이 계속 좋아진다면 후속 세대가 선배 세대를 추격하고 역전할 가능성이 있기에 젊은 세대 특유의 에너지라든가 여러 가지 힘을 발휘해서 미래의 위험을 받아들이는 전향적인 방식으로서 삶의 모형을 선택하게 됩니다. 그런데 우리 한국 사회가 저성장 기조에 접어들면서 급격히 줄어든 부가가치를 선배 세대와 나눠 가져야 한다, 즉 쟁탈해야 한다는 생각이 드는 순간, 상대적으로 여유롭지 못한 후속 세대들의 선택지는 작아질 수밖에 없습니다. 특히나 가족을 구성하고 자녀를 출산하는 고위험 선택지를 택하는 것은 굉장히 위험한 카드가 될 수밖에 없어요.

　게다가 영민한 젊은 세대는 작은 단서만으로도 성장의 자원들이 줄어든 상황에서 자신이 그것을 얻기 어려울 거라는 상황 판단 능력을 재빨리 발휘합니다. 이런 판단의 바탕에는 고학

먹이가 없어서 서울로 왔더니
둥지가 없어서 알을 못 낳겠네

먹이=고용   둥지=주거   알=출산

력화가 존재합니다. 한국의 대학 진학률은 70%를 웃돕니다. 선진국 가운데서도 독보적인 수준으로, 한국은 수준 높은 인재를 가지고 있는 사회입니다. 고학력은 가치 판단 능력이 좋아졌다는 의미로도 해석할 수 있습니다. 특히나 여성들의 경우에는 출산과 커리어 두 가지를 놓고 저울질하게 됩니다. 그리고 많은 여성들이 고민의 결과 출산이 아니라 커리어를 선택합니다. 사실 합리적이고 효율적인 시각에서만 판단한다면 커리어를 선택할 경우 출산은 품어낼 수 없는 카드가 될 수밖에 없어요. 저성장과 고학력이 맞물리면서 새로운 가치 기준, 이른바 가치관의 변화가 완성된 겁니다.

젊은 친구들에게 왜 아기를 낳지 않느냐고 물으면 그들은 대답을 하는 대신 오히려 역으로 묻습니다. 왜 아기를 낳아야 되지요, 라고요. 먹이가 없어서 서울로 왔더니 둥지가 없어서 알을 못 낳겠네, 라는 말들을 많이 합니다. 먹이는 고용, 둥지는 주거,

출산과 커리어를 두고
판단할 수 있는 여력이 커졌다.

고민의 결과는 출산이 아니라
커리어를 선택.

결국 출산은
합리적이고 효율적이라면
선택할 수가 없는
카드가 되었다.

알은 출산입니다. 이 세 가지는 굉장히 밀접하게 연결될 수밖에 없어요. 이런 상황에서 왜 '알'을 낳지 않느냐는 질문은 더 이상 무의미합니다. 알 앞에 있는 둥지 얘기를 고민해야 합니다. 어떤 둥지라면 알을 낳을 수 있을까요. 어떤 먹이라면 미래를 보다 더 적극적으로 품어 안을 수 있을까요. 질문의 내용과 규모를 바꿔야 됩니다. 결혼과 출산의 비교 우위를 좋게 만드는 방식으로서의 제도 구성이 필요합니다. 불리해진 후속 세대가 선배 세대를 추격하고 역전할 수 있는 성장의 과정을 만들어내는 게 굉장히 중요합니다. 이와 동시에 성 역할, 그리고 여성에게 주어진 제약들도 가치관의 변화와 맞물려서 당연히 풀어내야 할 중요한 개혁 과제 중 하나입니다.

기울어지는 한국, 수도권도 지방도 무너진다

한편에서는 이런 말을 합니다. 인구가 줄어드는 것보다는 쏠리는 게 문제다. 혹은 인구가 줄어드는 게 오히려 더 좋

은 거 아니냐고 말하는 이들도 있습니다. 최근처럼 지구의 과부하, 환경 파괴가 이슈가 된 상황에서는 이런 이야기들을 더 자주 들을 수 있습니다. 멸종 위기에 놓인 북극곰들의 사진을 보면서 그런 얘기를 많이 하시죠? 인간의 탐욕으로 가용 자원들을 단시간 내 급격히 활용하다 보니 지구 생태계의 유지 능력이 떨어졌다는 지적입니다. 이와 관련해서는 두 가지를 생각해봐야 합니다. 인구가 줄어들었는데도 불구하고 개별 인구의 욕망이 유지되거나 더 늘어난다면 어떻게 해야 할까요. 인구는 줄고 욕망의 크기는 늘어난다면 인구가 많았던 시절과 비교해서 큰 차이가 없겠지요. 인구가 줄어드는데 특정 지역으로의 쏠림 현상이 심화된다면 이것도 문제가 됩니다.

이것이 바로 한국이 처한 상황입니다. 전체 국토의 12%밖에 되지 않는 서울 수도권에 52%의 인구가 몰려 살고 있습니다. 인구는 전체적으로 줄어들고 있지만 서울 수도권 인구는 계속해서 늘어나고 있어요. 이 같은 지역 격차 속에서 도시는 도시대로 갈등과 문제들이 불거집니다. 대표적인 게 부동산 문제이지요. 또 지방은 개발하거나 발전할 여지가 충분한데도 불구하고 인재가 없어서 그것들을 개발하지 못하는 상황에 직면하게 됩니다.

이런 상황에서는 순환경제가 만들어질 수 없습니다. 따라서 단순하게 인구 감소로 한국 사회의 미래가 좋아질 거라고 보기에는 무리가 있습니다. 그러기 위해서는 사전에 전제해야 될 조건들이 꽤 있습니다. 사회를 유지하기 위해 지역간 역할 분담을 재구성하고, 그 속에서 균형 발전을 도모해 인구 감소 속에서도 성장의 총량, 욕구의 증가를 풀어낼 해법을 찾는 작업이 필요합니다. 또한 교육이라든가 가치관의 전환을 통해 계속해서 늘어나기만 했던, 고성장 시기에 당연시됐던 생애 모형들도 적극적으로 개선해야 합니다. 더 크게, 더 빨리, 더 많이를 부르짖기만 하던 데서 벗어나는 탈 욕망의 모델을 적극적으로 발굴해야 합니다. 후속 세대들에게 다양성과 관련된 이슈들을 끊임없이 보여주고, 그들의 새로운 시도를 응원해주며, 균형 잡힌 아이디어로 지속가능성을 높이는 방식을 찾아내는 것도 굉장히 중요합니다.

지방 소도시 후쿠이,
인구 감소 시대의 해법을 찾다

인구 감소는 분명히 위기입니다. 하지만 위기라는 이야기만 하다 보면 웅크리게 됩니다. 우리에게는 위기를 기회로 전환시킬 준비와 자세가 필요합니다. 가뜩이나 저성장 상황에서 새로운 성장 동력이 절실하게 요구되는 지금, 시대 변화에 맞는 혁신과 개혁을 이뤄내야 합니다. 그 최종적인 지향점은 인구 문제가 촉발시킨 균형 발전으로 연결될 수밖에 없습니다. 사회의 변화는 늘 있어왔습니다. 일상적인 현상에 가까운 것이지요. 이것이 문제가 되지 않도록 만드는 게 중요합니다. 위기가 아니라 기회로 바꿔야 합니다. 한국보다 인구 구조의 변화를 일찍 겪었던 선진국들은 이와 관련, 많은 노력들을 해왔습니다. 지금 현재 가장 유효한 것은 한국보다 총 인구 감소, 그다음에 자연 감소를 먼저 겪

은 일본의 사례일 겁니다. 일본은 '후쿠이 모델'에서 인구 감소 시대의 해법을 찾았습니다.

삶의 만족도와 관련된 여러 가지 지표를 조사한 결과 일본 47개 광역지자체 중에서 작은 도시 후쿠이가 압도적인 1위를 기록했습니다. 기반 조건들이 좋은 상황에서 이런 결과가 나타났다면 당연히 그렇겠지, 라는 판단이 들 수 있는데, 자원 총량이나

일본 후쿠이현

일본의 47개 광역지자체 중 삶의 만족도 관련 지표 압도적인 1위 기록.

OECD 학업성취도(PISA) 압도적 1위.

역사적인 성장의 경험, 입지 기반을 놓고 봤을 때 후쿠이 지역의 주민 행복도가 1위라는 것은 사실 좀 이해하기 어려운 상황입니다. 저도 실제로 이곳에 가봤습니다. 후쿠이는 1년에 6개월은 눈 때문에 외출하기가 어려운 지역이에요. 외출하기가 어려우니 당연히 경제가 성장하기 어렵겠지요. 전형적으로 못사는 동네의 이미지를 가지고 있는데 최근 20~30년간 많은 변화, 즉 시대의 변화와 맞물린 제도와 자원의 결합을 통해 새로운 행복 모델을 만들어냈습니다.

후쿠이 모델의 행복을 완성시킨 주요 키워드는 다섯 가지입니다. 첫째, 여성 활력입니다. 여성이 웃는 공간을 만들었습니다. 특히나 커리어와 출산 때문에 고민할 필요 없이 여성들이 경제활동에 나설 수 있도록 했습니다. 가정과 직장의 양립, 조화가 이뤄진 사회 공간에서는 인구 문제의 충격이 적어집니다. 둘째, 자치 교육입니다. 한국처럼 소위 엘리트 교육에 맞추어진 입시교육 중심이 아니라 지역을 알고 지역과 함께 숨쉬는 자치 교육을 통해 커리큘럼의 차별화를 이뤘습니다. 이를 통해 지역을 사랑하게 되고, 지역에서의 입지와 존재감을 확인함으로써 공동체의 에너지를 찾게 된 것이지요. 셋째, 제외되거나 소외될 수 있는 여러 가지 자원들을 행복의 무대 안에 끌어당기다 보니 그 속에서 자연스럽게 혁신의 과정들이 만들어집니다. 이런 것들이 순환경제의 토대가 되고, 차별적인 상품과 경쟁력으로 사회는 점점 고도화됩니다. 넷째, 이 모든 과정이 끊임없이 확대 재생산되면서 주민들이 행정에서 한 발 빠지는 게 아니라 적극적인 주체로 등장하게 됩니다. 이런 것들이 맞물려져서 마지막으로는 지역의 독특한 문화가 만들어집니다. 그 결과, 지역을 사랑하게 되면서 사람들이 지역을 떠나지 않고 잔류해 지역의 지속가능성이 확보됩니다. 소위 지역 사랑이라고 표현할 수 있겠지요. 후쿠이는 이렇게 탈중앙적 방식으로 자발적인 생존 모델을 만들어 주목받고 있습니다.

미국, 영국, 스페인, 이탈리아, 독일은 어떤 공통점이 있을까요? 인구의 자연 감소 속에서도 지역의 행복도가 굉장히 높은 편입니다. 하나같이 연방제를 채택한 국가들이죠. 즉, 자치 분권과 권한이 굉장히 강합니다. 결국 지역을 살리는 것은 지역이 될 수밖에 없습니다. 그렇다면 우리가 배워야 할 교훈들도 명확해집니다. 지역에서의 상향 정책, 현장 중심의 고민들, 특히 중앙이 독점하는 방식으로서의 권한이 아니라 모든 권한과 권력과 예산

미국·영국·스페인·이탈리아·독일의 공통점.
인구의 자연 감소 속에서도 지역의 행복도가 높다.
연방제를 채택한 국가들이다.
(자치 분권과 권한들이 세다.)

을 지역 단위에 하방시켜주는 방식을 통해 2209개 기초지자체가 2209개의 독특한 지역 모델을 만들어야 인구 유출 혹은 인구 감소에서 비롯된 이중 충격에도 버텨낼 수 있습니다.

기업·시장, 경제 논리에서 벗어나 ESG에서 해법을 찾다

인구 감소 위기를 극복해내 위기를 기회로 전환시키는 또 다른 중요한 포인트는 바로 기업의 존재입니다. 기업은 인구 해법의 핵심적인 키 플레이어가 될 수 있습니다. ESG라는 말을 많이 들어봤을 겁니다. 과거에는 매출 극대화, 이익 극대화를 통한 주주 중심 자본주의가 기업의 존재 이유였는데, 이제는 지역사회 문제 해결이 1순위가 되어야 한다는 혁신적인 발전 모델입니다. 사실 이익 극대화를 추구하는 기업이나 시장의 입장과는 굉장히 대치되는 아이디어입니다. 기업과 시장은 이익을 극대화하는 게 최고의 사회 공헌이자 존재 이유일 수밖에 없는데, 기업 CEO와 주주들이 중심이 되어서 ESG를 챙기지 않는 기업은 지속가능성

ESG
Environment · Social · Governance

기업 존재의 이유 1순위는 이익 극대화가 아닌 **지역과 사회의 문제를 해결하는 것**으로 전환돼야 한다.

이 없다는 얘기를 합니다. 기업이 갑자기 매출보다 환경을 챙기기 시작하고, 갑자기 주주보다 직원들을 챙기기 시작하는 방식으로 대전환이 이루어지고 있습니다. 여기에는 여러 가지 이유가 있을 텐데요, 제가 봤을 때는 특유의 동물적인 성장 전략 중 하나라는 생각이 듭니다.

이미 선두를 점하고 있는 다국적 기업을 포함한 많은 회사들이 자신의 뒤를 무섭게 추격해 오는 후속 기업 주자들과의 차별화를 위해 노력하고 있습니다. 후속 주자들이 따라올 수 없는, 혹시 따라오더라도 굉장히 많은 노력과 전략이 필요한 분야를 선점해 이를 표준화하고 관련 어젠다를 장악하려는 노력을 기울이고 있는데, 이는 생존을 넘어 지속가능한 성장을 위해 중요한 문제입니다. 이는 미래 지향적인 의제일 뿐 아니라 명분은 물론 실리도 챙길 수 있어서 기업을 통한 사회 문제 해결은 어쩌면 굉장히 긴 시간 동안 자본주의의 새로운 어젠다로 자리 잡을 가능성이 높습니다. 기업의 위상이 달라지는 것이지요.

인구 문제도 ESG 접근 방식을 통해 풀어낼 수 있습니다. ESG의 E(Environment), 즉 환경도 중요합니다만 사실 중요한 것은 한국 사회에서는 약간 배제되고 있는 개념입니다. 바로 S(Social)

와 G(Governance), 즉 사회와 지배구조입니다. 특히나 이 두 가지는 모두 인구 문제와 직결돼 있다는 점에서 더욱 주목해야 합니다. S의 핵심은 기업의 사회적 책임입니다. 여성 고용 등 성별에 따른 차별 문제를 해소하고 다양성을 추구하는 것이지요. G의 핵심은 공정한 지배구조입니다. 소수 오너가 모든 것을 독점하던 과거에서 벗어나 성과 배분을 공정히 하고 다양한 이해를 반영한 민주적 의사결정이 이뤄지는 기업 문화를 구축하는 것이지요.

이렇듯 기업 내외부 관계자들의 성장과 행복을 통해 사회 전체적인 이익을 도모하고, 다양한 이해관계자들의 문제를 기업이 적극적으로 풀어내는 과정에서 가치를 창출하는 모델을 만들고 이를 지속가능한 모델로 발전시켜 나가야 합니다. 그 과정에서 기업 내외부 이해관계자들의 만족도가 높아지면서 지역사회 혹은 인구 문제 해결에도 유의미한 영향을 미치게 됩니다. 단적인 예로 장기적이고 안정적인 고용이 보장되면 경제적 압박이나 출산에 대한 부담이 가벼워집니다. 기업이 지역사회의 발전에 공헌하면 지역 소외가 아닌 지역 활성화가 본격화됩니다. 인구 위기를 극복해낼 계기가 마련되는 것이지요. 이 같은 혁신적인 접근법은 주주나 경영자 혼자서는 이룰 수 없습니다. 경영자, 직원, 고객 등 모든 구성원의 노력이 요구됩니다. 다중 이해관계자들의 협업 모델로 균형 발전이 이뤄진다면 우리는 인구 문제를 해결하는 중요한 디딤돌을 확보할 수 있을 겁니다.

인구 오너스 시대의 한국, 인재 보너스로 극복한다

인구 감소라는 전대미문의 위기에 맞닥뜨린 지금, 우리에게는 처방전이 필요합니다. 몸에 맞지 않는 옷은 바꿔 입어야 합니다. 사회 구조가 변해야 하는 것이지요. 변하지 않는 사회 제노나 철학은 존재하지 않습니다. 1960년대의 철학을 토대로 만들어낸 1970년대, 1980년대의 제도로는 2023년 현재를 살아갈 수 없습니다. 시대의 변화를 반영한 개혁이 필요합니다. 대전환에 걸맞은 근본적인 개혁이 필요합니다.

한국 사회에서 인구 보너스는 끝났습니다. 대량 공급을 통해 끊임없이 성장할 수 있었던 강력한 기반인 인구 공급은 사실상 끝났습니다. 이제 인구가 줄어들 수밖에 없는 상황이 된 것이지요. 인구 보너스의 시대에서 인구 오너스(Onus, 부담)의 시대가 시작된 것입니다. 이런 상황에서 위기를 기회로 바꿀 수 있는 방법은 인재 보너스로 전환시키는 것밖에 없습니다. 인구가 줄어드는 가운데도 지속가능한 행복을 담보하기 위해서는 인구가 아니라 인재에 주목해 사람들을 토닥이고 응원해주는 구조가 필요합니다. 이런 혁신 모델들을 만들어낸다면 전 세계에서 유일무이하게 인구 감소 속에서도 행복을 담보해내는 사례로 기록될 겁니다. 인구가 줄어든다고 푸념만 하고 있지 말고 사회에 전원 참가시키는 인재 혁명을 통해서 생산성을 높인다면 한국형 인구병이 아니라 한국형 인구 극복 모델로 전 세계를 깜짝 놀라게 할 수 있을 겁니다.

문제를 위기로만 보지 말고 기회로 업그레이드시킬 수 있는 전환적인 자세를 가지고 한국 사회의 미래를 준비하는 작업이 필요합니다. 지금 우리에게 필요한 것은 이런 총체적인 접근 방식으로서의 문제 해결 의지와 그것들을 실체적으로 풀어낼 수 있는 능력입니다. 이 두 가지 문제가 해결된다면 우리 한국 사회가 늘 그래 왔듯 어려운 상황에서도 역동적인 방식으로 문제를 해결해내는 혁신적인 모델을 충분히 만들어낼 수 있을 겁니다.

빅
퀘
스
천

전 영 수

인구 통계와 세대 분석으로 사회의 변화를
읽어내는 사회경제학자. 한양대학교 국제대학원
교수로서 혁신 인재를 양성하며 사회 발전을
위한 다양한 연구를 진행하고 있다.
주요 관심사는 고령 사회에 진입하는 데 따른
복지 환경의 변화 및 대응 체계 마련으로, 한국
사회의 장기적이고 지속가능한 행복 모델을
구축하는 것이 목표다.

저서로는 《대한민국 인구 트렌드 2022-2027》,
《이케아 세대 그들의 역습이 시작됐다》,
《한국이 소멸한다》,《은퇴 대국의 빈곤 보고서》
등이 있다.

강의를 읽고 느낀 생각을 적어보세요.

Question_6

슬픔의
감정이 우리
삶에서 왜
중요할까?

시인 정호승입니다. 오늘은 인간의 감정 중 슬픔에 대해 함께 생각해보고자 합니다. 인간의 감정은 여러 가지가 있지요. 우리는 그것을 간단하게 희로애락이라고 합니다. 슬픔은 희로애락 중 '애'에 속합니다. 슬픔의 감정이 왜 우리 삶에서 중요할까요. 저희 어머니가 저한테 하신 말씀으로 이야기를 시작해볼까 합니다.

모든 예술은 삶의 비극에서 꽃을 피운다

저희 어머니는 가계부 노트에 연필로 시를 쓰시곤 하셨어요. 제가 고등학생 때 어머니가 돌아가시기 두세 달 전쯤 이런 말씀을 하시는 거예요. 제가 시를 쓰니까 시를 쓰는 아들에게 하고 싶었던 말씀일 거라고 생각합니다. "시는 슬플 때 쓰는 거다." 어머니는 그런 말씀을 하셨어요. 저는 깜짝 놀랐습니다. 왜냐하면 그 말씀을 듣는 순간, 지금까지 제가 시를 쓰면서 슬프지 않을 때 시를 쓴 적이 없다는 생각이 드는 거예요. 제 마음이 슬플 때 늘 시를 썼더라고요.

2022년은 제가 등단한 지 50년 된 해입니다. 그동안 1100여 편의 시를 쓰고 발표해왔어요. 그런데 제 시는 어디에서 시작되었을까요. 그것은 바로 인간의 비극입니다. 인간은 비극적인 존재입니다. 저는 모든 예술은 인간의 삶의 비극에서 꽃을 피운다고 생각합니다. 비극의 꽃이 바로 예술이고 문학이고 시다, 이렇게 말씀드리고 싶습니다. 시는 비극을 토양으로 해서 자라나는 그 무엇인 것이지요. 음악의 경우도 한번 생각해볼 필요가 있습니다. 세계인이 사랑하는 베토벤의 교향곡 제5번 <운명> 속에도 인간의 비극이 있습니다. 저는 <운명 교향곡>을 들을 때마다 제 가슴속에 있는 제 삶의 비극을 먼저 생각하게 됩니다. 인간의

인간은 비극적인
존재입니다. 저는 모든
예술은 인간의 삶의
비극에서 꽃을 피운다고
생각합니다.

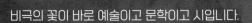

비극의 꽃이 바로 예술이고 문학이고 시입니다.

비극을 다른 말로 표현하면 인간의 슬픔이라고 할 수 있습니다. 이 슬픔을 다른 말로 표현하면 무엇일까요. 바로 고통입니다.

인간의 슬픔, 그 슬픔의 고통을 어떻게 하면 좋을까 생각하는 데서부터 우리는 시를 쓰게 되고, 슬픔을 위안받고 싶어 하지 않는가 생각합니다. 저는 시를 쓰면서 이런 생각을 많이 합니다. 내 시가 다른 사람에게 위안이 되는 존재가 되었으면 좋겠다. 물론 또 저 자신을 위로해줘야 되겠죠. 그래서 저는 시를 쓸 때마다 항상 이 시가 나를 위로하고 또 나를 위로한 시간만큼 다른 사람을 위로했으면 좋겠다, 그런 생각을 합니다.

고통은 인간의 본질

그런데 우리는 우리 삶에 자리한 슬픔의 고통을 어떻게 하면 좋을까요. 저는 고통은 인간의 본질이라고 봅니다. 인간의 본질이니 받아들일 수밖에 없지요. 인간은 고통에서 태어나 고통으로 끝난다, 인생은 고통에서 시작해 고통으로 끝난다는 생각을 저는 요즘 깊이 하게 됩니다. 일찍이 부처님도 인생은 고해라고 말씀하셨습니다. 괴로울·고통스러울 고(苦), 바다 해(海). 우리 인간은 고통이라는 바다에 사는 한 마리 물고기입니다. 물속에 살면서도 목말라하는 물고기라는 거죠.

　물속에 살면서도 목이 마른 인간이라는 물고기……. 어떡하면 좋을까요. 물속에 살면서도 목이 마르기 때문에 물을 찾아서 뭍으로, 육지로 나와야 될까요. 그래서는 안 됩니다. 물속에 사는 물고기가 뭍으로 나오면 곧 죽음에 이르게 됩니다. 아무리 목말라도 물속에 살아야 합니다. 그것이 고통이라는 바다에 사는 인간이라는 물고기의 숙명입니다. 우리 인생에 고통이 없기를 바라지 말고 고통을 이해해야 됩니다. 우리 인생에 슬픔이 없기를 바라지 말고 슬픔을 이해해야 됩니다.

　장미에는 향기가 있습니다. 장미에는 가시가 있습니다. 그러니까 가시 없는 장미는 존재가치가 없는 거죠. 자, 그렇다면 장미의 향기는 어디에서 나는 걸까요. 저는 바로 가시에서 난다고 생각합니다. 장미의 향기는 바로 장미의 고통의 향기라는 거죠. 우리 인간에게도 인간으로서의 향기가 난다면 바로 삶의 고통에서 나는 것이 아닐까요.

물속에 살면서도 목이 마른
인간이라는 물고기……. 어떡하면
좋을까요.

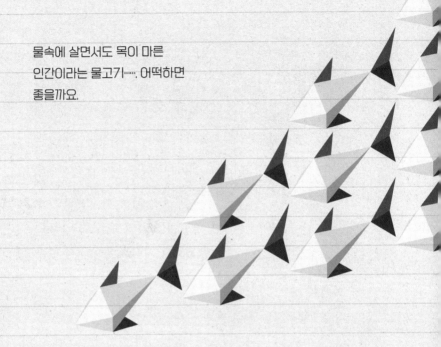

물속에 사는 물고기가 뭍으로 나오면 곧
죽음에 이르게 됩니다. 아무리 목말라도 물속에
살아야 합니다. 그것이 고통이라는 바다에 사는
인간이라는 물고기의 숙명입니다.

기쁨 없는 슬픔은 있어도
슬픔 없는 기쁨은 없다

우리는 언제 가장 고통스러울까요. 사랑이 있을 때 가장 고통스럽습니다. 사랑이 시작되면 동시에 뭐가 시작될까요. 바로 고통이 시작되고 슬픔이 시작됩니다. 저는 한때 내가 사랑을 하는데 왜 고통스러운지 궁금했습니다. 그래서 나는 사랑은 원하지만 고통은 원하지 않는다는 어리석은 생각을 한 적도 있습니다. 그 것은 마치 배가 고플 때 빈 밥상을 받아놓고 배가 부르기를 바라는 것과 같지요. 사랑이 있으면 고통이 있다. 그건 사랑과 고통이 서로 한몸이라는 거죠. 서로 다른 말이 아니고 동의어라는 거죠. 김수환 추기경께서는 이런 말씀을 하셨습니다. "사랑 없는 고통은 있어도 고통 없는 사랑은 없다." 인생은 고통으로 이루어지지만 또 사랑으로도 이루어진다는 겁니다. 사랑에는 반드시 고통이 있습니다. 사랑에는 반드시 슬픔이 있다는 거죠. 그래서 저는 슬픔의 본질을 사랑에서 찾고자 합니다.

　또 이런 말씀을 드리고 싶습니다. 기쁨이라는 나무 한 그루가 있습니다. 자, 기쁨이라는 나무는 어디에 뿌리를 내리고 있을

사랑 없는 고통은 있어도
고통 없는 사랑은 없다.

故 김수환 추기경

까요. 뿌리가 없는 나무는 존재하지 않지요. 제가 생각할 때 기쁨
이라는 나무는 슬픔에 뿌리를 내리고 있는 것 같습니다. 많은 사
람들이 기쁨의 나무이니까 기쁨에 뿌리를 내리고 있을 거라고
생각하지만, 그건 아닌 것 같아요. 슬픔에 뿌리를 내리고 있는 겁
니다. 그래서 기쁨만 있는 기쁨은 진정한 기쁨이 아니지 않을까
이런 생각이 듭니다. 기쁨은 반드시 슬픔에 뿌리를 내려야 기쁨
의 꽃이 핀다. 이렇게 말씀드릴 수 있겠네요. 기쁨의 눈물이라는

기쁨의 나무는 어디에 뿌리를 내리는가

기쁨이라는 나무는 슬픔에
뿌리를 내리고 있습니다.
기쁨만 있는 기쁨은 진정한
기쁨이 아니지 않을까요.

희망이라는 나무는 절망에 뿌리를
내리고 있습니다. 희망만 있는 희망은
희망이 아닙니다.

기쁨과 희망은 반드시 슬픔과 절망에
뿌리를 내려야 기쁨의 꽃, 희망의 꽃을
피우게 됩니다.

말을 합니다. 그 까닭은 눈물이 기쁨의 뿌리이기 때문입니다.

희망이라는 나무도 마찬가지입니다. 희망이라는 나무는 그 뿌리를 어디에 내리고 있을까요. 바로 절망에 뿌리를 내리고 있다고 말씀드릴 수 있습니다. 절망에 뿌리를 내리지 않은 희망은 희망이 아닙니다. 희망만 있는 희망은 희망이 아닙니다. 희망 고문이라는 말이 있습니다. 그건 왜 그럴까요. 바로 희망만 있기 때문에 그렇습니다.

기쁨과 희망은 반드시 슬픔과 절망에 뿌리를 내려야 기쁨의 꽃, 희망의 꽃을 피우게 됩니다. 그래서 기쁨이라는 나무는 슬픔이라는 가치가 더 중요하고, 희망이라는 나무는 절망이라는 가치가 더 중요합니다. 그런데 우리는 오늘날 슬픔이라는 가치 또는 절망이라는 가치를 폄하하고 부정하면서 살고 있지는 않은가요.

"사랑 없는 고통은 있어도 고통 없는 사랑은 없다"는 말을 저는 이렇게 바꿔보고 싶습니다. "기쁨 없는 슬픔은 있어도 슬픔 없는 기쁨은 없다." 이 말을 우리 서로 함께 깊이 생각해봤으면 좋겠습니다.

슬픔이 택배로 왔다

등단 50주년 기념 시집으로 《슬픔이 택배로 왔다》라는 신작 시집을 발간했는데요. <택배>라는 시의 첫 행이 표제가 되었습니다.

이 시의 첫 행 "슬픔이 택배로 왔다"라고 했을 때, 택배로 온 슬픔은 무엇을 의미할까요. 오늘날 우리는 택배 문화 속에서 살고 있습니다. 택배는 어떤 의미에서 우리에게 큰 기쁨을 줍니다. 우리가 필요한 어떤 물건들을 주문하고 나서 택배가 올 때까지 우리에게는 무엇이 있을까요. 기다림이 있습니다. 내가 주문한 물건이 택배로 올 때까지의 기다림. 그 기다림은 어떤 의미에서 우리에게 기쁨의 기다림일 수 있습니다. 그런데 어느 날 저에게 택배가 왔는데 그 택배로 온 것이 슬픔이었다는 거지요. 저에

기쁨 없는 슬픔은 있어도
슬픔 없는 기쁨은 없다.

택배　　　　　정호승

슬픔이 택배로 왔다
누가 보냈는지 모른다
보낸 사람 이름도 주소도 적혀 있지 않다
서둘러 슬픔의 박스와 포장지를 벗긴다
벗겨도 벗겨도 슬픔은 나오지 않는다
누가 보낸 슬픔의 제품이길래
얼마나 아름다운 슬픔이길래
사랑을 잃고 두 눈이 멀어
겨우 밥이나 먹고 사는 나에게 배송돼 왔나
포장된 슬픔은 나를 슬프게 한다
살아갈 날보다 죽어갈 날이 더 많은 나에게
택배로 온 슬픔이여
슬픔의 포장지를 스스로 벗고
일생에 단 한번만이라도 나에게만은
슬픔의 진실된 얼굴을 보여다오
마지막 한방울 눈물이 남을 때까지
얼어붙은 슬픔을 택배로 보내고
누가 저 눈길 위에서 울고 있는지
그를 찾아 눈길을 걸어가야 한다

게 택배로 온 슬픔은 무엇일까요. 또 여러분에게 택배로 온 슬픔은 무엇일까요. 저는 이별이라는 택배라고 생각했습니다. 그것도 죽음을 통한 이별이라는 택배입니다.

이별에는 여러 다양한 종류의 이별이 있습니다. 가장 견디기 어렵고 힘든 이별은 죽음이라는 이별, 죽음을 통한 이별입니다. 죽음을 통한 이별이라는 택배는 사실 누구나 다 받기 싫어하고 또 받지 않으려고 합니다. 그렇지만 아무리 받기 싫어도 받아야 되는 것이 죽음이라는, 죽음을 통한 이별이라는 택배입니다.

슬픔에는 운명이 있다

아일랜드의 작가 오스카 와일드는 이런 말을 남겼습니다. "슬픔에는 성지가 있다." 거룩할 성(聖) 자를 썼습니다. 슬픔에는 거룩한 땅이 있다, 이런 말인데 여기에서 성지는 무엇을 의미할까 저는 혼자 곰곰 생각해봤습니다. 오스카 와일드가 이야기한 슬픔의 성지는 바로 운명이 아닐까요. 슬픔에는 운명이 있다, 이런 의미가 아닐까요. 그래서 운명이라는 말은 희극보다는 비극, 기쁨

슬픔에는
성지(聖地)가 있다.

오스카 와일드

보다는 슬픔에 속한다고 생각합니다. '아, 이것은 나의 운명이야'
라는 말을 쓸 때 우리는 대부분 기쁨을 생각하기보다는 슬픔을
생각합니다.

　인간은 결국 자신의 운명을 받아들일 수밖에 없습니다. 우
리는 각자 자기 자신의 운명대로 살아가는 것 아닐까요. 운명을
원망하거나 거부하거나 부정할 수 없는 게 아닐까요. '나의 운명
이 내 삶의 거룩한 땅이다', 그렇게 생각할 수 없을까요. 그래서
우리는 우리의 운명, 그 비극과 슬픔을 긍정하고 이렇게 받아들

일 수밖에 없지 않을까요. 저는 그렇게 생각합니다.

평소에는 웅덩이 같지 않았는데 비가 막 오면 좀 움푹 꺼진 땅에 무엇이 고입니까. 물이 고이지 않습니까. 그래서 웅덩이가 됩니다. 여기에서 고인다는 것은 무엇을 의미할까요. 받아들인다는 것을 의미합니다. 산에 비가 오고 나면 나무뿌리들이 물을 받아들이다가 더 이상 받아들이기 어려우면 어떻게 되나요. 그 물이 강으로 흘러갑니다. 그러면 산의 물을 강이 받아들입니다. 그 강물은 또 어디로 흘러갑니까. 바다로 흘러갑니다. 만일에 바다가 강물을 받아들이지 않고 거부한다면 어떻게 되겠습니까. 바다가 될 수 없습니다. 그러니까 바다는 강물이라는 운명을 받아들일 수밖에 없다. 그래야 바다로서 존재할 수 있다는 겁니다. 그래서 우리도 내 삶의 운명, 내가 운명이라고 생각하는 그 부분을 받아들일 수밖에 없다는 거죠. 운명은 받아들여야 한다는 점에서 슬픔은 인간의 운명이라고 말씀드리고 싶습니다. 되풀이해서 말씀드리지만, 운명이라는 말 속에는 비극과 슬픔이라는 의미가 들어 있습니다. 인간의 운명적 본질인 비극과 슬픔을 받아들이지 않으면 우리는 어쩌면 인간이 될 수 없지 않은가 이렇게 생각합니다.

유대인들의 초전통파 공동체인 하시디즘 공동체에는 슬픔의 나무에 관한 이야기가 있습니다. 사람이 죽으면 커다란 슬픔의 나무 밑으로 갑니다. 슬픔의 나무에 가서 그동안 살면서 겪었던 모든 인생의 고통과 불행을 나뭇가지에 걸어놓고 나무 주위를 천천히 빙빙 돌면서 걷습니다. 다른 사람들이 걸어둔 고통과 불행 중 자신이 걸어둔 인생의 고통과 불행보다 덜 고통스럽거나 덜 불행해 보이는 것이 있으면 자기 자신의 것과 바꾸기 위해서 슬픔의 나무를 빙빙 천천히 도는 것이지요. 그런데 결국 다른 사람의 것이 아닌 자기가 걸어놓은 것을 다시 선택하게 된답니다. 자신이 가장 고통스럽고 자신의 삶이 가장 불행하다고 생각하면서 슬픔의 나무 밑으로 가지만 다른 사람의 고통과 불행보다는 더 가볍다는 것을, 자신이 행복했다는 것을 깨닫게 된다는 거죠. 그 당시에는 정말 견디기 어려웠고 자기 삶이 고통스럽다고 생각했을지라도 자신이 겪은 슬픔의 고통이, 불행의 고통이 다른 사람의 것보다 훨씬 가벼웠음을 깨닫고 슬픔의 나무를 돌다가 훨씬 가벼운 마음으로 천상을 향해 떠나게 된다고 합니다. 우리는 다른 사람이 어떤 상황에 처했든 얼마나 불행하든 제대로 바라보려 하지도 않고 무조건 자신의 고통이 가장 무겁고 가장 견디기 어렵다고 생각하면서 살고 있는 게 아닐까요. 이 슬픔의 나무 이야기를 통해 자신의 슬픔과 고통과 불행을 한 번 깊이 들여다볼 수 있는 시간을 가져볼 수 있으면 좋겠습니다.

시간에는 치유의 힘이 있다

오늘을 살면서 우리는 우리 삶의 슬픔을 도대체 어떻게 해야 될까요. 내 인생의 견딜 수 없는 슬픔을 어떻게 해야 될까요. 저는 생각합니다. 인간은 힘이 없기 때문에 결국 이 모든 것을 겸허하게 받아들일 수밖에 없는 것 아닐까요. 시인 김남조 선생님 역시 "슬픔도 인간의 양식이다", 그러니까 "비탄도 양식이다", 라는 말씀을 당신의 시에서 하신 바 있습니다. 소설가 박완서 선생님은 당신보다 먼저 세상을 떠난 아들의 죽음이라는 고통을 견디기 어려워서 남을 원망하고 절대자 신을 원망했답니다. 그러다 어느 날 문득 내가 원망할 수 있는 절대자라는 존재가 있다는 것만으로도 감사하다는 생각이 들었다지요. 그렇게 나중에는 원망할 수 있는 존재 자체에 대한 감사함을 통해서 천주교 신자가 되셨답니다.

우리 삶의 슬픔, 비극은 우리 인간의 힘으로는 어떻게 할 수 없기에 저는 시간에 의지해야 하지 않나 생각합니다. 시간에는 치유의 힘이 있습니다. 물론 시간에 의지한다고 해서 내 삶의 슬픔과 비극이 완벽하게 치유되는 것은 아닙니다. 다만 시간의 힘이 우리에게 치유의 힘이 되어주어서 고통의 무게를 조금 덜어주지 않는가 생각해봅니다. 인간이라는 존재이기에 우리는 결국 우리 삶의 슬픔과 비극을 신이라는 절대자에게 맡길 수밖에 없습니다. "우리가 남을 용서할 수 없을 때, 아무리 노력해도 용서할 수 없을 때, 그때 나의 용서는 신의 몫이다." 이런 말이 있지요. 신의 몫이라는 거죠. 삶의 비극과 슬픔으로 고통받는 나를 시간의 힘마저도 치유해주지 못할 때 이를 신의 몫으로 돌리고 절대자 신에게 그냥 맡기면 어떨까요. 인간은 운명적으로 슬픔을 느낄 수밖에 없는 비극적 존재입니다. 제가 시를 쓰는 이유도 여기 있습니다. 어떻게 하면 삶의 비극을 나눔으로써 서로 위안하고 서로 위로받을 수 있을까 하는 것을 추구하는 과정 속에서 저는 시를 씁니다.

슬픔은 인생의 가장 큰 비밀

우리 인생에는 많은 비밀이 있지요. 슬픔이야말로 우리 인생의 가장 큰 비밀이라고 저는 생각합니다. 그런데 슬픔이라는 비밀을 경험하면서 그 슬픔을 받아들이지 않을 때, 긍정하지 않을 때 더 슬퍼집니다. 우리는 슬픔이라는 인생의 비밀을 받아들이면서 살아갈 수밖에 없는 그런 존재 아닐까요. 우리는 매일 물과 공기와 밥을 먹고 삽니다. 어떤 의미에서 슬픔은 우리가 매일 먹는 양식 같은 것입니다. 슬픔은 우리 삶의 가장 근원적이고 본질적인 가치입니다. 우리 인생의 비밀인 슬픔의 감정에 대해 함께 생각해보는 시간을 가졌습니다.

빅 퀘스천

정 호 승

BIG QUESTION

1950년 경남 하동에서 태어나 대구에서 성장했다. 경희대 국문과와 동
대학원을 졸업했다. 1972년 <한국일보> 신춘문예에 동시 <석굴암을
오르는 영희>가, 1973년 <대한일보> 신춘문예에 시 <첨성대>가, 1982년
<조선일보> 신춘문예에 단편소설 <위령제>가 당선돼 작품 활동을 시작했다.
'반시(反詩)' 동인으로 활동했다. 시집으로 《슬픔이 기쁨에게》, 《외로우니까
사람이다》, 《눈물이 나면 기차를 타라》, 《포옹》, 《밥값》, 《나는 희망을
거절한다》 등이, 시선집으로 《내가 사랑하는 사람》, 《흔들리지 않는 갈대》,
《수선화에게》 등이 있다. 이밖에 동시집 《참새》, 영한시집 《부치지 않은 편지》,
《꽃이 져도 나는 너를 잊은 적 없다》, 어른을 위한 동화집 《항아리》, 《연인》,
《울지 말고 꽃을 보라》, 《모닥불》, 《기차 이야기》, 산문집 《내 인생에 힘이
되어준 한마디》, 《당신이 없으면 내가 없습니다》, 《우리가 어느 별에서》 등이
있다. 소월시문학상, 정지용문학상, 편운문학상, 가톨릭문학상, 상화시인상,
공초문학상, 김우종문학상, 하동문학상 등을 수상했다.

오랜 시간 동안 바래지 않는 온기로 많은 이의 마음을 치유하는 그의 따스한
언어에는 사랑, 외로움, 그리움, 슬픔의 감정이 가득 차 있다. 언뜻 감상적인
대중 시집과 차별성이 없어 보이지만, 정호승 시인은 '슬픔'을 인간 존재의
실존적 조건으로 승인하고 그 운명을 '사랑'으로 위안하고 견디며 그 안에서
'희망'을 일구어내는 시편 속에서 자신만의 색을 구축했다.

'슬픔' 속에서 '희망'의 원리를 일궈내려는 시인의
시학이 마침내 다다른 '희생을 통한 사랑의 완성'은,
윤리적인 완성으로서의 '사랑'의 시학이다. 이 속에
꺼지지 않는 '순연한 아름다움'이 있는 한 그의 언어들은
많은 이의 가슴에서 지워지지 않을 것이다.

택배

정호승

슬픔이 택배로 왔다

누가 보냈는지 모른다

보낸 사람 이름도 주소도 적혀 있지 않다

서둘러 슬픔의 박스와 포장지를 벗긴다

벗겨도 벗겨도 슬픔은 나오지 않는다

누가 보낸 슬픔의 제품이길래

얼마나 아름다운 슬픔이길래

사랑을 잃고 두 눈이 멀어

겨우 밥이나 먹고 사는 나에게 배송돼 왔나

포장된 슬픔은 나를 슬프게 한다

살아갈 날보다 죽어갈 날이 더 많은 나에게

택배로 온 슬픔이여

슬픔의 포장지를 스스로 벗고

일생에 단 한번만이라도 나에게만은

슬픔의 진실된 얼굴을 보여다오

마지막 한방울 눈물이 남을 때까지

얼어붙은 슬픔을 택배로 보내고

누가 저 눈길 위에서 울고 있는지

그를 찾아 눈길을 걸어가야 한다

인류를 지탱해온 오래된 물음

Question_7

우리가
안다고
믿는 것은
진짜일까?

최연호

삼성서울병원 소아청소년과의 최연호입니다. 여러분 모두 성공하고 싶으시죠. 성공한 사람은 그렇지 못한 사람에 비해 뭔가 다른 걸 갖고 있을 것 같은데, 저는 그게 통찰이라고 생각합니다. 그래서 오늘은 그에 관해 얘기해볼까 합니다.

통찰, 보이지 않는 것을 보는 힘

여러분이 아마존에 갔습니다. 아마존 원주민이 보여요. 원주민이 세르바타나라고 하는 무기를 들고 있습니다. 이 무기에는 침

세르바타나
(Cervatana)

이 있어요. 침 앞에는 독이 묻어 있지요. 원주민들은 이를 동물을 사냥하는 데 이용합니다. 그런데 이런 생각을 해볼 수 있어요. 짧게 불어도 될 것을 원주민들은 왜 저렇게 기다란 관 모양의 세르바타나를 만들었을까요. 아마존 원주민과 우리를 비교할 수는 없는데, 분명한 것은 아마존 원주민 역시 아이큐도 우리만큼 좋았을 것 같고 감성지수라고 불리는 EQ도 우리만큼 좋았을 것 같아요. 조상 때부터 내려온 과거의 경험을 축적해 이 같은 무기를 만든 것 아닐까요. 세르바타나는 원주민들의 통찰을 보여주는 것이 아닌가 생각합니다.

　재미있는 게 또 하나 발견됐어요. 아마존에 동굴이 하나 있는데, 그 동굴에 상형문자가 적혀 있었습니다. 그 상형문자를 학자들이 풀어냈는데 세모는 분노를, 동그라미는 평화를, 다각형은 변화를 표현했답니다. 그렇다면 이제 제가 보여드릴 이 상형문자가 무엇을 뜻하는지 한번 알아맞혀보세요.

아마존 동굴의 상형문자

▲ 분노　● 평화　◼ 변화

자, 이게 뭘까요. 세모도 섞여 있고 동그라미도 섞여 있고 다각형도 나와 있는데 뭐가 보이시나요. 어려우시죠. 힌트 하나를 드릴게요. 비어 있는 데를 한번 보십시오. 그러면 ABBA라는 글자가 보일 겁니다. 다시 한번 그림을 보실까요? ABBA라는 글자만 보일 뿐, 상형문자가 안 보입니다. ABBA만 자꾸 눈에 들어올 거예요. 이처럼 보이지 않는 것을 본 순간, 우리는 과거로 돌아가지 못해요. 이제는 알게 되었거든요.

다른 이야기를 해볼까요. 마시멜로 실험에 대해 들어보셨나요? 스탠퍼드대학의 심리학자 월터 미셸이 40~50년 전에 세 살에서 다섯 살짜리 아이들을 데리고 실험을 했어요. 마시멜로를 보여준 뒤 아이들에게 15분만 기다리면 하나를 더 주겠다고 이야기하고는 참을 것인지 기다릴 것인지 물어봤습니다. 참은 아이들도 있고 그냥 먹은 아이들도 있었어요. 이 아이들을 10여 년간 쭉 추적해봤더니 참았던 아이들은 나중에 성공도 하고 좋은 학교도 갔는데, 참지 못한 아이들은 그러지 못했대요.

이런 걸 두고 우리는 만족을 지연한다고 표현합니다. 쉽게 말해 자제력이지요. 자제력이 있는 아이는 성공했고, 자제력이 없는 아이는 그러지 못했다는 결과가 발표되면서 교육계에 광풍

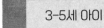

월터 미셸의 마시멜로 실험
(1972년)

실험대상	3-5세 아이

실험내용

**'마시멜로를 받고
15분 참고 기다리면 하나 더 줄게.'**
→ 만족 지연(Delay of gratification): 자제력 테스트

결론

**"어려서 자제력이 높을수록
청소년기에 사회 적응과
학업성취도가 높아짐."**
→ 이후 자제력 높이는 교육 프로그램 광풍

이 일었습니다. 어떻게 하면 자제력을 높일 것인지에 대한 학습법이 막 나오기 시작한 거죠.

그로부터 30~40년이 쭉 흘러갔습니다. 사람들은 이 실험에 약간의 문제점이 있다는 것을 알게 되었어요. 젊은 심리학자 셀레스트 키드는 노숙자 쉼터에서 봉사활동을 했어요. 그곳 아이들은 자제력이 없을 수밖에 없지요. 언제 음식을 구할 수 있을지 모르는데, 지금 내 앞에 놓여 있는 음식을 뺏기면 안 되잖아요. 그래서 음식을 보자마자 바로 먹게 되지요. 셀레스트는 '이 아이들을 대상으로 마시멜로 실험을 하면 바로 먹겠구나' 하는 생각이 들었어요. 그는 직접 실험에 나섰지요.

그는 아이들을 두 무리로 나눴어요. 그러곤 신뢰할 수 있는 상황과 신뢰할 수 없는 상황에 놓았지요. 이게 무슨 말인가 하면 어른을 여기에 개입시킨 거예요. 한 무리에는 믿음직한 어른을 배치하고, 다른 무리에는 거짓말만 늘어놓는 전혀 믿음직하지 못한 어른을 배치했어요. 아이들이 어떻게 됐을까요. 믿음직한 상황에 있는, 신뢰할 만한 상황에 있는 아이들은 마시멜로를 먹지 않고 참았어요. 신뢰할 수 없는 상황에 있는 아이들은 거짓말하는 어른에게 실망해 참지 못하고 채 1분도 지나기 전에 그냥

셀러스트 키드의
새로운 마시멜로 실험
(1972년)

- 15분간 눈앞에 있는 마시멜로 먹지 않고 참기
- 성공할 경우 추가 마시멜로 보상

실험군 A

15분간 참기 성공

신뢰할 만한 상황

믿음직한 어른들 대면

실험군 B

15분 내에 먹음

신뢰하기 힘든 상황

약속 지키지 않는 어른들 대면

마시멜로를 먹어버렸죠. 셀레스트는 깨달았어요. '자제력은 결국 맥락에 의해서 변하는 거로구나. 자제력이 있고 없고의 문제가 아니구나.'

맞습니다. 세상을 살아가면서 우리는 겉으로 보이는 것에 집중하기 쉽습니다. 중간중간 끼어 있는 과정을 잘 모르고 지나칠 때가 많아요. 우리는 그 빠진 과정을 '맥락'이라고 부릅니다. 제가 말하려는 게 바로 이겁니다. 보이지 않는 것을 보는 힘은 사람이 갖고 있는 통찰지능에 있습니다. 저는 이를 인사이트 인텔리전스(insight intelligence), InQ라고 표현합니다.

아이큐·이큐를 뛰어넘는 통찰지능의 힘

통찰지능이 왜 중요할까요. 우리는 우리가 안다고 믿고 있는 것들이 진짜인지 아닌지 잘 모를 때가 많습니다. 통찰이 있어서 이것을 알아내면 그 사람은 성공으로 가는 거예요. 예를 들어, 확증편향 같은 것에 빠져서 음모론을 믿게 된다면 내가 알고 있는 게 진실이 아니기 때문에 결국 그 사람은 실패의 길로 갈 수밖에 없습니다.

앞서 InQ, 즉 통찰지능을 이야기했지요. 아이큐가 있고 이

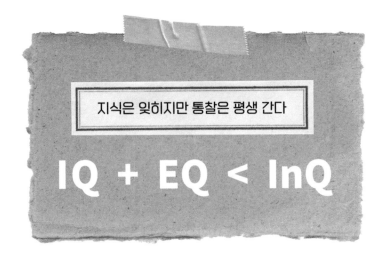

큐가 있는데 이 두 개의 합이 통찰지능보다 훨씬 더 작다고 보면 됩니다. 통찰을 사전에서 찾아보면 '예리한 관찰력으로 사물을 꿰뚫어 봄'이라고 나옵니다. 여기 흥미로운 게 있어요. '예리한 관찰력'이란 게 뭘까요. 아이큐예요. 아이큐가 높은 사람들은 이 세상 사물을 보는 방법이 다릅니다. 또 이런 말이 나오죠. '사물을 꿰뚫어 봄.' 사물이나 사건을 본다는 것은 숨겨져 있는 면을 읽어내는 것이기 때문에 이를 이큐라고 부를 수 있어요. 그럼 통찰은 아이큐와 이큐의 합이겠지요. 맞습니다. 최소한 그 둘의 합이니 통찰지능이 훨씬 더 크다고 얘기하는 겁니다.

후견지명, 세상은 현상이 지배한다

2018년 메슈 커츠라는 학자가 맥락지능(Context Intelligence Quotient)이란 얘기를 들고 나왔습니다. 그는 사고에는 과거의 경험을 바탕으로 한 '후견지명(Hindsight)', 과거의 데이터로 미래를 예측하는 '선견지명(Foresight)', 그리고 '통찰(Insight)'이 있으며 이 셋을 합친 것이 맥락지능이라고 했습니다. 이해하기 어려우시죠. 너무 추상적이라 상당히 어려운 개념인데 이를 조금 더 구체적으로 살펴볼까 합니다.

후견지명은, 과거 내가 쌓은 경험입니다. 직접적으로 쌓았든 간접적으로 쌓았든 나는 그 경험을 가지고 베이지안 추론(Bayesian inference)을 합니다. 이를 통해 우리는 미래를 예측할 수 있습니다. 미래는 바로 여러분이 잘 아시는 상상이에요. 상상. 뭐에 대한 상상일까요. 사물 또는 사건, 아니면 상대방에 대한 모든 상상이 바로 미래에 대한 예측이 됩니다. 그중에서 보이지 않는 것을 볼 수 있게 만드는 것을 우리는 통찰이라고 부릅니다. 이 모든 게 합쳐져 보이지 않는 것을 찾아내는 과정이 바로 통찰지능이라고 보면 됩니다. 어려운 말이 많지요. 이제부터 자세히 말씀

고전 통계

- 피셔(Fisher) 통계: 빈도(frequency)

- 베이지안(Bayes) 통계:
  사전확률(경험)을 바탕으로 사후확률 예측

드릴게요.

먼저 후견지명을 살펴볼까요. 아까 후견지명은 과거의 경험이라 그랬죠. 여기 함께 언급된 베이지안 추론은 무엇일까요. 우리 일상은 통계와 붙어 있다고 해도 과언이 아닙니다. "5% 확률로" 또는 "열 명 중 한 명은" 이런 표현을 자주 들어봤을 겁니다. 우리는 일상생활 속에서 이런 고전적인 확률, 즉 피셔 확률을 자주 사용합니다. 그런데 세상을 살아가면서 백분율 같은 피셔 확률보다 더 많이 쓰이는 게 있어요. 바로 앞서 언급한 베이지안 추

메슈 커츠의 맥락지능(2018년)

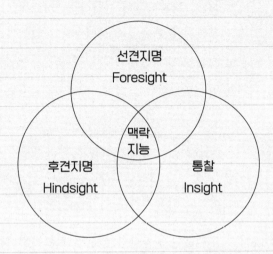

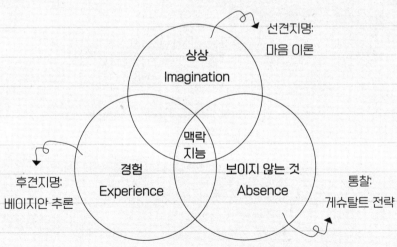

론입니다.

내가 겪은 사전 경험을 현재 상황과 얼버무려 사후 확률을 계산해내잖아요. 아이들도 쉽게 해내는 일이지요. 예를 들어, 어떤 음식을 먹다가 사레들거나 향이 독해 토했습니다. 그러면 그 아이는 다음부터 그 음식을 먹지 않습니다. 사후 확률을 계산해내는 거예요. 우리는 늘 그런 일을 하고 있습니다. 이게 바로 베이지안 추론이에요. 베이지안 추론은 그냥 삶이에요. 여기서 경험이 얼마나 중요한지 알 수 있습니다. 미래를 그릴 때 경험을 바탕으로 하기 때문에 좋은 경험과 좋지 않은 경험 중 어느 것을 더 많이 갖고 있느냐에 따라서 내 미래가 다르게 그려집니다. 우리는 경험이나 겉으로 드러난 현상에만 반응합니다. 왜냐면 인간은 보이는 것만 믿기 때문에 그래요.

그래서 저는 이렇게 얘기합니다. "세상은 현상이 지배한다." 빙산의 일각이라는 말처럼 우리는 빙산의 한 끝만 보고 있으며, 사실 그 아래 놓여 있는 거대한 본질을 놓치고 있는 것인지도 모릅니다. 빙산 이야기를 하니까 생각나네요. 극지방에 가면 오로라를 볼 수 있습니다. 오로라를 보고 우리는 그냥 "아름다워", "멋있어" 이렇게 표현하는데, 사실 오로라의 기전(대기의 변환)을 보면 상당히 과학적인 이야기들이 나오잖아요. 우린 그런 건 모릅니다. 하지만 본질을 몰라도 겉으로 보이는 것은 받아들일 수 있어요. 그래서 경험은 결국 현상으로 얻게 된다는 거예요.

그런데 우리가 자꾸 현상에 빠지게 되는 이유는 무엇일까요. 인간이 갖고 있는 태생적인 한계 때문입니다. 사고(thinking)는 크게 세 가지가 있어요. 먼저 시야 사고. 사람들은 누구나 보이는 것만 믿어요. 보이지 않는 건 보지 못합니다. 특이하죠. 다 그렇습니다. 두 번째는 지식 사고. 내가 갖고 있는 지식 안에서만 생각해요. 그걸 벗어나면 천재이지요. 알베르트 아인슈타인 정도는 돼야 가능한 일인지도 몰라요. 우리는 이런 식으로 사고하게

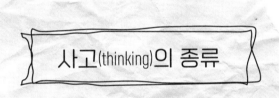

사고(thinking)의 종류

시야 사고, 지식 사고, 만족 사고

되어 있어요. 흥미로운 게 있어요. 우리는 자신이 본 것과 자신이 알고 있는 지식 한도에서 벗어나는 걸 두려워합니다. 새로운 걸 받아들이는 데 거부감을 많이 느낀다는 거예요. 그래서 원래 갖고 있던 상황에 그냥 만족해버리지요. 그냥 끝내버리는 겁니다. 그 상황에서 더 발전할 수 있는데, 그러지 못하지요. 바로 만족 사고 때문입니다. 이 세 가지 사고방식 때문에 인간은 항상 당하게 돼 있어요. 이를 이겨 나가고 극복해야 바로 통찰력 있는 사람이 되는 겁니다.

선견지명, 미지를 채우는 상상력의 힘

두 번째를 볼까요. 선견지명. 아까 제가 뭐라 그랬죠? 상상이라고 그랬잖아요. 마음 이론이라는 게 있어요. 과학자들이 밝혀낸 것이지요. 인간의 뇌에는 거울 뉴런이라는 게 있어요. 이것으로 남을 읽어냅니다. 모방하고 따라하는 데 핵심적인 역할을 하지요. 조금 더 발전된 마음 이론도 있어요. 인간만이 상대방의 마음을 읽을 줄 압니다. 이렇게 생각해보면 이해하기 쉬울 거예요. 만화 볼 때를 떠올려보세요. 누가 알려주지 않아도, 책에 써 있지 않아도 우리는 주인공의 마음을 읽어냅니다. 드라마를 보면 주인공의 감정에 이입돼 눈물이 흐르지 않나요. 이건 인간만이 할 수 있는 거예요. 고릴라는 할 수 없습니다. 마음 이론이 뭐냐면 결국 내가 남의 마음을 읽고 상상하는 거예요. 상상은 완전히 미래입니다. 앞으로 무슨 일이 벌어질지 내 판단이긴 하지만 미래를 그려보는 거죠.

인공지능(AI) 시대가 왔다고 합니다. 하지만 저는 인공지능이 아무리 발전해도 인간의 통찰지능을 뛰어넘지 못할 거라고 확신합니다. 바로 다음과 같은 차이 때문입니다. 첫째, 우리 인간의 통찰지능은 맥락을 읽어냅니다. 하지만 기계는 맥락을 읽어내지 못하지요. 둘째, 인간들은 주관식에 강해요. 말을 할 줄 알고 과정을 지향하지요. 하지만 기계는 항상 결과만 얘기해요. 일이삼사만 얘기하지요. 셋째, 인간의 가장 대표적인 능력이 뭐예요. 뒷담화입니다. 스토리를 얘기할 수 있어요. 유발 하라리도 얘기했지요. 뒷담화는 인간의 창의성을 발전시킨 가장 기본적인 것이라고. 뒷담화가 무엇일까요. 바로 상상입니다. 상상을 할 수 있었기 때문에 인간이 발전하게 된 거예요. 기계는 그걸 할 수 없습니다. 인간은 맥락을 지향하지만, 기계가 어떻게 맥락을 알겠어요. 그리고 요즘 많이 회자되는 메타인지라는 게 있어요. 우리는 자신이 모르는 게 뭔지 압니다. 바로 알아요. 누군가 종로구에서 두 번째로 큰 동의 이름이 무엇인지 아느냐고 물어요. 뭐라고 답하시겠어요? 모른다고 하겠지요. 그런데 기계는 계산을 통해 그것을 알아내려고 합니다. 하지만 인간은 질문을 받자마자 자신이 알고 있는지 모르고 있는지 판단할 수 있어요. 순식간에 발현되는 무지무지 뛰어난 능력이죠. 그래서 기계보다 인간이 훨씬 더 뛰어나다고 하는 겁니다.

통찰, 맥락을 읽으면 전체가 보인다

세 번째, 앞서 제가 통찰은 보이지 않는 것을 보는 거라고 그랬잖아요. 여기에는 게슈탈트 전략을 사용해야 됩니다. 그래야 전체를 볼 수 있어요.

많이 본 적 있는 그림일 겁니다. 토끼? 오리? 무엇으로 보이시나요? 우리 인간은 어떤 부분을 볼 때 이를 합칠 줄 압니다. 전체를 볼 줄 알아요. 그래서 이 그림을 보고 누구는 오리라고 얘기하고 누구는 토끼라고 얘기하는 거예요. 이를 바로 게슈탈트 시지각이라고 불러요. 게슈탈트 시지각을 하나의 문장으로 표현하면 다음과 같이 이야기할 수 있겠네요. '전체는 부분의 합보다 크다.' 여러분도 늘 하고 있는 겁니다. 의사로서 제 이야기를 한다면, 환자들은 제게 여러 가지 증상을 이야기해요. 이것들을 합쳐서 하나의 진단이 나오지요. 그중 몇몇 증상은 해당되고 몇몇 증상은 벗어난다면 제 진단은 틀린 거예요. 이렇듯 전체를 읽어내는데 맥락을 봐야 큰 덩어리를 알아낼 수 있다는 게 바로 게슈탈트 전략입니다.

어느 큰 조직이 있어요. 사무실이 엄청 커요. 어떤 사람들은 내근을 하고 어떤 사람들은 외근을 하는데, 부장님이 좀 깐깐해요. 그런데 어느 날 낮에 보니 직원들이 자리에 많이 없는 거예요. 부장님은 화가 났어요. 대뜸 화를 내며 소리칩니다. "아니, 다들 어디 간 거야? 골프 치러 간 거 아니야?" 이 부장님의 지적이 옳을까요? 이런 일을 많이 경험해봤을 거예요. 한번 생각해봅시다. 외근 나간 사람들은 당연히 자기 업무를 위해 외출했을 확률이 높아요. 부장님이 사무실에 있는데 아무 용건 없이 사무실을 나갈 직원은 없습니다. 누가 업무 시간에 틈을 내서 개인적인 일을 하러 나가겠어요. 나중에 걸리면 큰일 날 텐데 말이에요. 부장님이 생각하는 것처럼 직원들이 딴 짓 할 리 없습니다.

여기엔 문제가 또 하나 있어요. 부장님이 소리칠 때 그걸 듣는 사람이 누구죠? 바로 사무실에 남아 있는 사람들이에요. 사무실에 남아 일하고 있던 사람들이 혼나는 셈이지요. 이들은 화가 납니다. 왜 우리가 저런 소리를 들어야 하지 싶어 억울하기도 할 거예요. 사무실에 있던 사람들은 화가 나서 나중에 외근하고 돌아온 직원들에게 그 이야기를 합니다. 결국 부장님은 이래저래 직원들에게 존경받을 수 없는 사람이 되는 거예요. 근데 부장님은 이런 걸 모르세요. 왜 그럴까요? 전체적으로 돌아가는 맥락, 저 사람이 나를 쳐다보고 내가 당신을 쳐다보는 이 모든 맥락을 한번에 읽을 수 있어야 되는데 그저 자신의 입장에서 자신이 하고 싶은 말만 표현하기 때문이에요. 사람들은 그런 것을 별로 좋아하지 않아요. 전체를 볼 수 있으면 부장님이 그렇게 얘기하지 않았을 거예요.

명분과 실리는 전체를 읽는 최고의 방법

제가 책에도 쓰긴 했는데 명분과 실리의 균형을 갖춰야 합니다. 명분과 실리는 전체를 읽는 최고의 방법이에요. 앞선 사례의 부장님도 직원들의 명분과 실리를 읽어야 해요. 직원이 왜 나갔을까. 무슨 목적으로 나갔을까. 사무실에서 나갔을 때의 이득은 무엇일까. 부장으로서 이 사무실을 지키고 있는 나는 무엇을 하고 있는 걸까. 내가 어떻게 해야 직원들을 잘 이끌 수 있을까. 이런 것들을 다 볼 수 있어야 올바른 능력을 발휘할 수 있습니다.

병자호란 때 인조는 남한산성에서 버티다 버티다 결국 삼전도까지 나와서 굴욕적인 항복을 합니다. 당시 조정에는 주화파, 그래도 청나라와 친하게 지내서 실리를 택하자는, 최명길로 대표되는 주화파가 있었어요. 또 척화파, 명나라에 대한 의리를 저버릴 수 없다는, 김상헌으로 대표되는 척화파가 있었지요. 결국 누가 이겼죠? 김상헌이 이겼죠. 그래서 인조가 뒤늦게 결정한 거예요. 끌고 끌다가 명분에 휩쓸려서 결국은 타이밍을 놓치고 그렇게 굴욕적인 항복을 하게 된 사건이지요. 너무 명분만 따지다가는 크게 당할 수도 있어요. 바로 그런 일이 벌어졌던 거예요.

다른 예를 들어볼까요. 이건 의료에 관한 이야기인데, 여러분도 맨날 당하고 있는 거예요. 옆집 아이가 폐렴으로 입원했어요. 그런데 우리 아이가 감기에 걸렸어요. 막 열이 나요. 엄마의 머릿속에 제일 먼저 떠오르는 건 걱정이에요. 우리 아이가 입원하면 어떡하지? 게다가 엄마는 워킹우먼이에요. 아이가 입원하면 휴가를 내야 해요. 일이 꼬이는 거죠. 엄마의 걱정은 커져요. 그래서 병원을 찾아가 의사에게 채근합니다. 잔뜩 걱정하는 얼굴로 빨리 낫게 해달라고 계속 이야기해요. 그런데 의사가 보기에는 그냥 목 감기예요. 별다른 치료 안 하고 그저 잘 먹고 잘 쉬게만 해도 괜찮을 깃 같아요. 해열제 정도만 써도 충분한 상태예요. 그런데 엄마는 물러서지 않습니다. 센 약 주세요. 빨리 낫게 해주세요. 계속 우기지요. 그러면 의사도 슬슬 걱정됩니다. 괜히 잘못 진단했다가 나중에 폐렴으로 발전하면 어떡하나 걱정됩니다. 그래서 의사는 엄마와 합의해요. 어떻게 합의할까요. 센 약을 쓰기로 합의합니다. 바이러스 감기에는 쓸 이유가 전혀 없는 항생제를

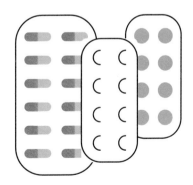

쓰게 되는 거죠. 그래서 요즘 아이들은 항생제 먹는 일이 많아요.

　　생각해보세요. 엄마와 의사는 합의하고 서로 만족합니다. 그런데 그 약을 먹는 건 누구죠? 우리 아이입니다. 우리 아이가 커서 진짜 중요한 감염병에 걸렸는데 항생제 내성 때문에 쓸 만한 약이 없어요. 결국 누가 피해를 보는 거죠? 사랑하는 내 아이가 피해를 보게 되는 겁니다. 그런데 어른들은 이런 상황을 생각하지 못해요. 명분적으로 감기에는 항생제 쓰지 말아야 하는데 어른들끼리의 실리를 택하다가 결국 우리 아이가 손해 보게 되는 거예요. 실리가 너무 앞서면 이런 일이 벌어집니다. 그래서 저는 명분과 실리의 균형을 갖추는 훈련을 해야 한다고 늘 강조합니다. 균형을 갖추는 훈련을 꼭 해야 합니다. 이건 나만의 문제가 아니에요. 나의 명분, 나만의 실리가 아니라 상대방의 명분, 상대방의 실리도 같이 생각해봐야 해요. 이런 걸 읽어내야 성공할 수 있습니다.

　　통찰이 어느 정도 진행되면 뛰어난 사람들은 직관으로 나타납니다. 10여 년 전 미국에 아주 유명한 여성 하원 의원이 있었어요. 바로 가브리엘 기퍼즈 애리조나 주의회 하원 의원입니다. 얼마나 유능했냐면 차세대 유망주로 꼽혔어요. 별명이 '똑똑한 에너자이저 토끼(Energizer rabbit with a brain)'였어요. 얼마나 똑똑하고 얼마나 성실했을지 짐작할 수 있지요. 당시 최초의 여성 대통령이 될 거라고 꼽히는 후보군 중 한 사람이기도 했지요. 그런데 2011년 1월 8일 사건이 벌어져요. 애리조나 투산의 쇼핑센터에서 기퍼즈 의원이 연설을 하는 도중 사고가 발생했어요. 테러가 일어난 거죠. 여러 발의 총성이 울리고 많은 사람이 쓰러졌어요. 기퍼즈 의원도 머리에서 피를 흘리며 쓰러졌어요. 여섯 명이 사망했을 정도니 큰 테러 사건이었어요. 부상자들은 모두 애리조나 의과대학병원 응급센터로 이송됐습니다.

당시 이 병원의 외상 응급센터장은 피터 리였어요. 한국 사람이었지요. 1961년생이고 우리나라에도 여러 번 오신 적 있는데, 총상 수술 쪽에서 아주 유명한 분입니다. 이분이 기퍼즈 의원의 수술을 맡게 됐어요. 우리나라도 그렇지만 미국은 언론 미디어가 발달된 곳이지요. 곧 모든 미디어들이 모여서 인터뷰를 요청했습니다. 수술 들어가는 바로 당일, 인터뷰가 이뤄졌어요. 이미 사망설이 돌고 있다며 기퍼즈 의원의 생존 가능성을 묻자 피터 리는 위험부담을 감수하고 생존 가능성이 있다고 답했어요. 그것도 101퍼센트. 그의 말을 들은 기자들은 의사로서 할 수 있는 말이냐고 웅성거렸어요. 101퍼센트라니. 사실 기자들이 수군

댈 만했습니다. 기퍼즈 의원은 총알에 의한 관통상을 입었는데, 뒤에서부터 총알이 날아와 뇌 좌반구를 뚫고 지나갔어요. 현실적으로나 과학적으로나 의학적으로나 즉사할 만한 상황이었지요. 도저히 살아나기 어려워 보였어요. 그런데 피터 리는 101퍼센트 살아날 거라고 그런 거예요. 미국에선 난리가 났습니다. 전국적으로 촛불 집회가 일어나면서 기퍼즈 의원이 건강하게 돌아오기를 바라는 사람들의 행렬이 이어졌지요.

그런데 3일 만에 기퍼즈 의원의 호흡이 돌아오고 의사의 지시에 따르게 됐어요. 살아 돌아온 거지요. 다들 난리가 났어요. 언론에서는 "피터 리를 만난 건 행운이다", "피터 리야말로 미다스의 손이다"라며 찬사가 이어졌어요. 그리고 또 인터뷰 요청이 들어옵니다. 기자들은 그에게 생존 확률을 101퍼센트로 예측한 것에 대해 질문을 쏟아냈어요. 피터 리는 찬찬히 아주 담담하게 얘기를 꺼냈습니다. "허세가 아닙니다. 제가 처음 응급실에 갔을 때 기퍼즈 의원은 미동도 없이 누워 있었어요. 제 동료가 진찰하고 있는데, 뭔가 이상했습니다. 그녀가 의사의 손을 살짝 잡는 것을 봤어요. 제가 지금껏 본 머리 총상 환자에게서는 한 번도 본 적 없는 매우 특이한 반응이었습니다. 그때 확신했어요. 그녀가 살아날 거라고……."

피터 리가 왜 기퍼즈 의원이 살아날 확률이 101퍼센트라고 했는지 이해되시나요? 기퍼즈 의원을 처음 본 그 짧은 순간에 피터 리는 머릿속에서 옛날 임상 경험들을 쭉 끌어와 그 상황에 빗대보면서 뭔가 다르다는 것을 알아챘어요. 그러곤 결론을 내렸지요. '다행스럽게도 뇌의 일부 중 그다지 중요하지 않은 쪽으로 총알이 지나갔구나. 이런 방법으로 접근해서 수술하면 기퍼즈 의원을 살려낼 수 있겠어.' 통찰이 이어지고 결국 짧은 시간에 직관적인 판단을 하게 된 거죠. 이처럼 통찰력이 뛰어난 사람들은 순간 판단이 매우 빠릅니다. 그리고 성공합니다. 다 맞아 들어가거든요.

훌륭한 선생님은 지식을 가르쳐주지 않습니다. 통찰을 알려주는 분이 가장 좋은 선생님입니다. 통찰은 훈련으로 충분히 얻을 수 있습니다. 우리 주변에는 늘 통찰이 준비돼 있어요. 마음만 먹으면 누구나 훈련할 수 있습니다. 예를 들어볼까요. 자식 교육은 부부싸움의 큰 원인 중 하나입니다. 잘 생각해보세요. 싸움이 벌어지면 엄마는 엄마의 입장을, 아빠는 아빠의 입장을 먼저 내세울 겁니다. 그런데 자식의 입장을 생각하는 여유를 가져보면 어떨까요. 그리고 남편은 아내가, 아내는 남편이 왜 저렇게 나오는지 한번 생각해보세요. 저 사람의 말이 무슨 의미인지, 혹시 내가 잘못한 건 없는지 그 순간 나에 대해 성찰해보는 거예요. 그러면 부부싸움은 명분과 실리를 살리는 아주 좋은 훈련 방법이 됩니다. 내 아이의 마음도 읽고, 부부가 서로 상대방을 읽는 거예요. 그러다 보면 문제가 해결되는 것은 물론 가정의 화목이 따라옵니다. 한번 해보세요. 아주 쉬워요. 이런 일들이 우리 일상에서 늘 벌어지고 있습니다.

우리 모두 '통찰지능'합시다

<샬롯의 거미줄>이란 영화를 보신 분, 꽤 있을 거예요. 애니메이션 영화인데, 사라 맥라클란이 OST를 불렀지요. 거기에 이런 구절이 나옵니다. 제목은 <일상의 기적(Ordinary miracle)>이에요.

하늘은 언제 눈이 내릴 줄 알고

(The sky knows when it's time to snow)

씨앗은 스스로 자랄 줄 알지

(Don't need to teach a seed to grow)

오늘은 또 다른 일상의 기적이야

(It's just another ordinary miracle today)

사람들의 말처럼 삶은 매일 널 위해 포장된

선물 상자 같은 거야

(Life is like a gift they say Wrapped up for you everyday)

상자를 열어보고 네가 가진 것을 베푸는 방법을

스스로 터득해야 돼

(Open up and find a way, To give some of your own)

224 x 225

일상의 기적은 멀리 있지 않아요. 내 주변에서 흔히 일어나는 현상의 보이지 않는 면에서 방법을 찾아내는 거예요. 그게 바로 통찰입니다. 이해하시겠죠. 멀리서 찾지 마십시오. 행복은 멀리 있는 게 아니라 우리 주변에 있는 것처럼, 통찰력을 늘리고 싶다면 여러분의 주변을 살펴보세요.

아마존 동굴의 상형문자 그림을 다시 한번 보실까요. 뭐가 보이나요. 이제 여러분에게는 ABBA만 보일 거예요. 상형문자는 보이지 않아요. 우리는 이제 과거로 못 돌아갑니다. 이게 깨우침을 얻었다는 거예요. 지식은 늘 잊힙니다. 아무거나 지식을 여러분의 머릿속에 집어넣어보세요. 아이한테 단어 100개를 외우게 해보세요. 금세 다 잊어버리죠. 하지만 통찰은 깨우치고 나면 평생 갑니다.

앞서 말씀드린 식을 다시 한번 설명해드릴게요.

$$IQ + EQ < InQ$$

아이큐? 아마 지금의 저는 중고등학교 때의 저보다 분명 아이큐가 떨어졌을 거예요. 이큐? 젊은 사람들이 나이 든 사람 보고 '꼰대'라고 그러잖아요. 자신들의 마음을 읽어주지 못한다고 불평하지요. 이큐가 떨어졌다는 의미입니다. 이큐 역시 나이 들면서 떨어지기도 해요. 하지만 통찰지능은, 통찰은 나이 들면서 점점 늘어납니다. 주름살이 늘어나듯 통찰은 늘어만 갑니다. 그걸 잊지 마세요. 자신감을 갖고 계속 훈련하세요. 언젠가 성공의 길을 찾을 수 있을 겁니다.

최재천 이화여대 교수님이 제 책《통찰지능》의 추천사를 써주셨어요. "우리 모두 '통찰지능'합시다." 통찰지능을 동사화시키셨지요. 맞습니다. 통찰지능해야 됩니다. 성공은 진짜 한 끗 차이예요. 그냥 지식을 내세우고 결과를 내세우는 것보다는 과정, 맥락, 통찰을 하는, 보이지 않는 것을 보는 분들은 끝에 가서 웃는 사람이 될 겁니다.

빅 퀘스천

최연호

BIG QUESTION

서울대 의대를 졸업하고 서울대병원
어린이병원에서 소아청소년과
전문의를 취득했다.
현재 성균관대 의대, 삼성서울병원에서
소아소화기영양 분야를 전공하는
교수로서 교육과 연구에 매진하고 있다.

MEMO

Question_8

왜
시작하지
못하는가?

차 청

이상한마케팅 대표이자 2022년 5주간 종합 베스트셀러 1등을
한《역행자》의 작가 '자청' 송명진입니다. 사업가로서 살고 있습
니다. 처음으로 성공한 사업은 아트라상이라고 하는 이별 상담
사업이에요. 지금은 우리나라에서 제일 규모가 크고 압도적으로
1등을 하고 있는 이별 상담 플랫폼이지요. 두 번째는 이상한마케
팅입니다. 마케팅 대행사 중 거의 최고의 평가를 받고 있어요. 이
외에도 전자책 플랫폼, 북카페, 위스키 바 등 몇 가지 사업을 하
고 있습니다.

　　하는 일이 잘 되다 보니 소위 금수저들이나 돈이 진짜 많은

분들을 많이 만나게 됩니다. 그런데 그런 분들은 흙수저에서부터 위로 올라온 경우가 되게 드물어요. 세상 사람들은 대부분 잘 살지 않잖아요. 곽곽하다고 해야 되나. 자유도 없고. 저는 그 누구보다 되게 위로 올라가고 싶어 했던 사람입니다. 그런 사람으로서 위로 올라갈 방법이 있다는 것을 이야기하고 싶었어요.

성공의 공식 1. 모든 답은 책에 있다

돌아보면 저는 잘될 수밖에 없는 공식을 이용했을 뿐이라고 생각해요. 사업하는 사람들은 대부분 자신의 머리로만 일하려고 해요. 자신의 창의성을 담보로 하지요. 그런데 잘나가는 한국 스타트업들을 살펴보면 거의 다 미국에서 이미 성공한 모델들이에요. 책의 경우도 마찬가지예요. 오랜 기간 잘나가는 책들로 《부자 아빠 가난한 아빠》, 《부의 추월차선》, 《나는 4시간만 일한다》 같은 것들이 있어요. 지금도 엄청나게 팔리고 있지요. 출판된 지 10년, 20년이 지났는데도요. 저는 여기에 정답이 있다고 생각했어요. 예를 들어, 《부의 추월차선》은 '부의 추월차선'과 '서행 차선'이라는 이미지가 있잖아요. 《부자 아빠 가난한 아빠》는 '부자

아빠와 가난한 아빠'라는 상반된 이미지가 있지요. 이것을 보면서 '자기계발 경제경영 서적은 이미지화할 수 있는 상반된 개념을 제시해야 되는구나', 라고 저는 생각했어요. 그래서 '역행자'와 '순리자'라는 개념이 나온 거예요. 목차도 그냥 딱딱하게 '사실주의의 이해'라고 하는 게 아니라 '당신은 고속도로를 달리고 있습니까?'라는 식으로 쉽게 표현하는 거죠. 거기에 저만의 독창성을 가미하고 한국 실정에 맞는 제 경험담을 담았지요. 앞서 언급한 책들은 다 외국 책이잖아요. 저는 한국 실정에 맞으면서 최신 상황을 담은 책을 쓴 거예요. 그리고 저는 그때 그 사람들보다 제가 돈을 더 벌고 있고, 글쓰기도 어느 정도 된다고 생각했거든요.

모든 게 처음부터 잘 풀렸던 건 아니에요. 초중고 때 저는 그냥 완전히 아웃사이더, 히키코모리, 오타쿠였어요. 매일 애니메이션이나 보고 외모 콤플렉스도 심했지요. 버스를 타는 것도 힘들어할 정도였어요. 버스를 타는 순간, 모든 사람이 저를 비웃을 거라는 망상에 빠져 있었지요. 중고등학교 때 인기 투표 같은 거를 하면 항상 꼴찌를 할 정도로 외모도 볼품없고, 아무리 노력해도 성적도 안 좋고, 집도 가난했으니 당연한 결과였다고 생각해요. 당시 저는 세상의 벽이 되게 두껍구나 생각했어요. 사회에서 완전히 도태됐던 거죠. 사람들이랑 대화하는 것도 힘들고 여자친구는 당연히 만들 수 없었지요. 학교도 지방 야간대를 나왔어요. 심지어 학교에 제대로 나가지 않아서 성적은 다 F를 받았지요. 이렇게 잘하는 게 아무것도 없었기 때문에 저는 그냥 공장에 취직해서 150만 원 정도 월급을 받아 원룸을 얻고 퇴근하면 어두운 방에서 게임하면서 평생 사는 것도 행복하겠구나 생각했어요. 그러다가 남자는 여자를 만나야 된다는 진리(?)를 깨닫고 '이렇게 살면 안 되겠구나, 돈을 벌어야겠구나' 결심하게 되었지요. 좀 우습지만 그땐 그랬어요.

어머니께서 그러면 영화관 아르바이트라도 지원해보라고 하셨는데, 거기서도 떨어졌어요. 어머니께서 영화관에 가셔서 왜 우리 아들을 안 뽑냐고 물으셨는데, 그 덕분에 그곳에서 일하게 됐어요. 그러면서 모든 게 좀 풀리기 시작했지요. 책도 그때부터 읽기 시작했어요. 영화관에서 아르바이트를 하려면 앞사람이랑 계속 얘기를 해야 돼요. 한 시간 내내. 구조가 그래요. 화법에 관한 책을 읽고 직접 실행해보니까 진짜 상대방이 나랑 대화하는 걸 좋아하는 거예요. 책이 되게 어렵고 지루하고 이런 게 아니라 재밌는 거라는 것을 알게 되었지요. 우리가 제육덮밥을 먹으려고 해요. 제육덮밥을 잘 만드는 법에 대한 글을 읽고 나면 잘 만들 수 있겠지요. 이렇게 좋은 피드백이 왔던 거죠. 돈 버는 법, 외모 바꾸는 법, 건강해지는 법 등 책에 모든 문제의 정답이 적혀 있었어요. '게임 공략집을 보듯 그냥 책을 보면 되는구나' 생각했습니다. 한 200권 정도 자기계발 서적을 읽은 것 같아요. 읽으면서 비판적으로 생각하지 않고 그냥 다 흡수하려고 했어요.

어떻게 보면 운이 좋았던 거지요. 만약 30살 때 책을 읽으려고 했으면 쉽지 않았을 거예요. 20대 초반의 저는 스스로 너무 열등한 존재라고 생각했기 때문에 책을 읽고 그냥 거기에 쓰인 그대로 흡수했어요. 세상이 되게 어려운 줄 알았는데 모든 답이 책에 있고, 제대로 된 공략집만 발견하면 쉽게 게임에서 이길 수 있을 거라고 확신했어요. 그때부터 모든 게 잘 풀려갔어요. 2~3년간 그냥 책만 읽었어요. 그러다 지방대 철학과에 진학해서 기초를 쌓았죠.

24살 겨울에 친구랑 재미로 50만 원만 벌어보자는 생각에 이별 상담 사업을 시작했어요. 보통 사람들은 어떤 일을 할 때 자기 머리만 믿고 그냥 하거든요. 근데 저는 책에 모든 문제의 진리가 있다고 생각했기 때문에 온라인 마케팅과 사업하는 법에 관한 책들을 20권 넘게 쌓아놓고 그것들을 모조리 읽은 뒤 그냥 그대로 했어요.

책을 읽으면 뇌가
전방위적으로 활성화된다.

당시 월세 22만 원짜리 집에 살았는데 친구랑 동업해서 월 3000만 원씩 벌었어요. 슬슬 일이 잘 풀리기 시작했지요. 지금은 게을러서 못 하지만, 그러면서도 하루에 30분에서 한 시간 정도 꾸준히 책을 읽었어요. 뇌 근력 운동을 조금씩 한 거죠. 그렇게 점차 발전해서 이제는 그냥 마음먹은 대로 다 잘 풀려 나가는 것 같아요. 기본기를 잘 쌓은 덕분이죠.

책을 읽어봤자 까먹는다고 하잖아요. 그러니까 안 읽게 된다고 그러는데, 저는 그냥 근력 트레이닝 관점에서 보면 어떨까 싶어요. 허리 힘을 기르고 싶어서 운동법을 알아보면 무거운 거를 10번 드는 것을 3번 반복하면 근력이 증가한다고 하잖아요. 그런 식으로 책을 읽으면 뇌가 전방위적으로 활성화돼요. 그러면서 정보 처리 속도도 빨라지고 논리력도 강화되고 지식도 늘어나요. 그러다 보면 인생을 살아가다가 어떤 문제에 부딪쳤을 때 정확한 판단을 내릴 확률이 커지지요. 돈 벌고 행복해지기 위해서는 결국 똑똑해야 되잖아요. 남들보다 우월해야 되지요. 매일 책을 조금씩만 읽으면 계속 뇌 근력 트레이닝이 되니까 결국 인생에서 승리할 수밖에 없다고 저는 생각했어요. 지금도 그렇게 생각합니다. 왜냐면 책 말고 발전할 수 있는 방법이 없다고 보

거든요. 그 외에 어떤 방법으로 발
전할 수 있을까요.

성공의 공식 2. 늦은 때는 없다.
지금 당장 실행하라

대부분의 사람이 "책, 그냥 안 읽어. 귀찮아"라고 말해요. 그렇
게 해서는 절대 평범함에서 벗어날 수 없어요. "너니까 된 거야",
"네가 뭔데 그런 말을 하지?" 이렇게 반발하는 사람도 있어요.
하지만 결국 실행해야 부자가 되든 성취를 하든 행복해지든 하
는 거라고 저는 생각해요. 물론 실행하는 게 어렵긴 하죠. "실행
하세요"라고 백날 말하고 잔소리해봤자 소용없어요. 누군가를
바꾸고 싶어 하거나 내가 무언가를 실행하고 싶을 때는 인간이
왜 실행할 수 없게끔 설계돼 있는지 생각하면 이해하기 쉬울 거
예요. 간단해요. 인간이 그렇게 진화했기 때문이에요.

인류는 선사시대부터 살았어요. 그 이전에는 동물에 불과했
어요. 어쨌든 진화 과정에서 실행력을 가진 인간은 도태될 확률
이 매우 높았어요. 무슨 말이냐면, 길을 지나가는데 버섯이 보여

요. 실행력이 좋은 사람은 독버섯일 확률이 있는데도 먹어봐요. 그러다가 죽지요. 실행력을 발휘해 밤에 산길을 오르려고 하는 사람도 다 죽었어요. 현대에 남아 있는 사람들은 모두 다 새로운 것이 나타났을 때 실행하기 어렵게끔 진화한 셈이에요. 모든 인간이 다 그렇지요.

유튜브를 모든 직장인의 꿈이라고 하지만 모든 사람이 다 하는 건 아니잖아요. 저도 그랬어요. 그런데 저는 '아, 이게 내 유전자에서 잘못된 명령을 내리는 거로구나' 하고 생각한 거지요. 그런 건 다 우리 뇌가 '이미 늦었어'라고 망상을 하기 때문이에

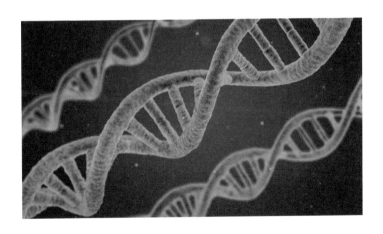

요. 저는 2019년 3월 유튜브를 시작했는데, 당시만 해도 이미 레드오션 상태였어요. 제가 6개월 동안 망설이는 사이에 엄청나게 많은 사람들이 출발해서 너무 늦어버렸다고 뇌에서 망상을 했지요. 근데 방금 말했던 그 개념을 알고 있었기에 도전에 나설 수 있었어요. 그걸 클루지(Kluge)라고 해요. 진화 과정에서 잘못된 심리적인 오류를 저지르는 것이지요. 저는 '이건 내 망상일 뿐이야. 100명 중 실행력 높은 1등은 이미 출발했고 2등부터는 나처럼 다 실행하지 못했을 거야. 지금이라도 출발하면 나는 100명 중 2등으로 출발하는 거야'라고 생각하고 실행에 나섰고, 유튜브가 잘 되면서 인생이 완전히 바뀌었어요. 만나고 싶은 사람들은 다 만나고, 사업적인 것도 그냥 하고 싶으면 다 할 수 있게 됐고, 돈도 많이 벌었지요. 결국 실행함으로써 모든 게 가능해진 거예요.

다시 요약하면, 인간의 작동법을 이해해야 됩니다. 그게 심리학을 공부하는 이유고, 《클루지》라든가 《지능의 역설》이라든가 《욕망의 진화》, 《뇌, 욕망의 비밀을 풀다》 같은 책들을 보라고 강조하는 이유입니다. 아무것도 안 하고 남는 시간은 다 놀면서 하루에 딱 두 시간만 책 읽기랑 글쓰기를 하자. 그거 말고 나머진 다 놀자. 저는 저 자신에게 이렇게 타일렀어요. 트레이닝만 한 거

죠. 뇌 근력 트레이닝만. 근력 트레이닝을 할 때 사람들이 대여섯 시간씩 하진 않거든요. 그냥 30분에서 한 시간 정도만 해도 충분하다고 저는 생각해요. 두 시간 정도면 남들보다 훨씬 많이 하는 거죠.

성공 법칙 3. 나의 관심에 집중하자

사람들은 일을 하잖아요. 일을 하거나 공부하는 거는 뇌를 트레이닝하는 데 그렇게 큰 도움이 안 된다고 저는 생각해요. 대학 공부나 고등학교 공부는 대부분 외우기 같은 거라 뇌를 확장시키지 않아요. 어떤 글을 이해해서 실생활에서 예를 찾아보면서 뇌의 확장이 일어나지요. 그러기 위해선 재미있는 책을 골라서 읽어야 돼요. 재미없는 책은 읽지 말고. 모든 책이 다 좋은 건 아니에요. 내 독해력에 안 맞을 수도 있고, 내 취향에 안 맞을 수도 있어요. 그럴 때는 그냥 안 읽는 게 좋아요. 그냥 내가 현재 관심 있는 분야가 무엇인지 생각해보세요.

직원이 많아진 요즘, 저는 인사 관리에 대한 책을 보고 있어요. 옛날에는 이런 책이 재미없었어요. 왜냐면 읽어봤자 아무런 의미가 없었으니까요. 지금 뭐에 제일 관심이 있으세요? 경제적

인간은 집단 무의식에 흔들리게 되어 있다

자유? 그런 분들은 《역행자》가 재미있으실 겁니다. 각자의 성향이 다르기 때문에 음식처럼 각자 취향에 맞게 책을 선택하면 되지 않을까 생각합니다. 그러다 나중에 전혀 다른 분야의 책을 읽어도 좋을 것 같아요. 제 경우, 과학 아니면 문학 관련 책들을 일주일에 한 30분 정도 그냥 훑어보면서 뇌의 다른 부분을 활성화시키면 기존에 고민하던 것과 안 쓰던 뇌가 반응하면서 되게 좋은 해결책이나 소위 '끝장나는', 아니면 떼돈을 벌 수 있는 아이디어들이 나올 수도 있다고 보고 이런 방법을 쓰기도 해요.

다작(多作), 다독(多讀), 다상량(多商量). 저는 '많이 쓰고 많이 읽고 많이 생각하라' 이 세 가지를 실천하려고 해왔어요. 지금도 실천하고 있고요. 저는 엄청 도파민적인 걸 좋아해서 자극을 추구하는 사람이에요. 그래도 하루에 30분 정도는 뭔가 생각하는 시간을 가지려고 해요. 장기적 관점에서 보면 그렇게 30분간 생각하는 것은 스스로 뇌 근력 트레이닝을 하는 거예요.

일을 하고 메시지를 보내고 SNS를 하면서 우리는 현상을 처리해요. 그런데 30분 정도 가만히 멍 때리는 시간을 가지면 하루 동안 최근 일주일 아니 한 달 동안 수집한 정보들이 재조합되면서 어떤 아이디어들이 만들어져요. 그런데 계속 핸드폰만 보면서 시간을 보내다 보면 생각할 시간 자체가 아예 없을 수밖에 없어요. 그러면 뇌가 망가지지요. 그래서 저는 일주일에 하루 정도는 핸드폰을 아예 꺼놓는 시간을 가지라고 권유해요.

제 핸드폰은 4~5년째 무음 상태예요. 물론 회사에 다니면서 그렇게 하기는 어렵지요. 그런 상황이라면 저는 두 가지 방법 정도를 쓸 것 같아요. 첫 번째, 도움되는 유튜브 영상들을 퇴근할 때나 진짜 그냥 습관적으로 볼 것 같고, 두 번째, 주말에는 모임에 나갈 것 같아요. 독서 모임도 있고, 아니면 다른 소모임도 있어요. 인간은 집단 무의식에 흔들리게 돼 있어요. 모든 사람들이 다 꿈이 없는 집단에 가면 그게 맞다고 생각하게 돼 있어요. 마찬가지로 사이드 프로젝트로 돈을 버는 것에 관심 있는 사람 100명이 모여 있는 집단에 가면, 거기서는 그걸 할 수밖에 없어요. 그러면서 계속 물어보게 되고, 사람들이 조언도 해주고, 자극도 받고, 상대방이 말하는 것에 열등감을 느끼기도 하면서 점점 발전하게 되지요. 주말에 그냥 놀러가듯 나들이 가듯 가보면 좋지 않을까요. 그러면 무의식이 많이 바뀌어요. 이렇게 의도적으로 바꿀 수도 있죠. 일요일 12시부터 오후 3시까지만 딱 그 모임에 참석한다. 그렇게 정해놓으면 뭐 지나치게 신경쓸 것도 없고 그냥 조금씩 영향만 받는 정도여서 제 생각에는 좋을 것 같습니다.

성공은 꿈꾸는 자의 몫이다

저는 인생이라는 게임에서 행복하다고 느끼면 그 사람이 승자라고 생각합니다. 한 달에 200만 원씩 버는데 너무 행복하게 안정적으로 가정을 꾸려가며 사는 사람이 있어요. 반면 1000억 원을 가진 자산가인데 너무 결핍되어 있어서 계속 불행하다고 느껴요. 이 둘 중 하나를 선택하라면 누구나 전자를 고를 거라고 생각해요. 마찬가지로 변화하고 싶은 사람과 변화하고 싶지 않은 사람이 있어요. 변화하고 싶지 않으면 그냥 그대로 살아도 저는 나쁘지 않다고 생각해요. 그런데 욕심이 되게 많은 사람이고 변화하고 싶은 사람들이 있거든요. 자기계발에 힘쓰고 싶고 하루라도 발전하지 않으면 가시가 돋는 사람들이 있어요. 그런 사람들은 그냥 무엇이든 해봐야 한다고 생각해요.

그 정도 욕심을 타고났는데 하루에 5분 책 읽기를 못 한다? 그러면 삶의 의미가 없지 않을까요. 계속 불만, 불행만 커지지요. 5분 운동 못 하고 5분 책 못 읽는 사람은 없어요. 자신이 목표한

바를 어떻게 실행할지 많은 책을 보거나 관련된 유튜브를 찾아보면서 내가 이걸 어떻게 해낼 수 있을까 많이 연구하면 저는 누구나 될 거라고 봐요. 그래서 안 할 이유가 없는 거죠. 재능에 따라서 한 달에 1억 원, 10억 원 못 벌 수는 있지요. 그렇지만 자기가 벌던 급여의 두세 배는 더 벌 수 있을 거라고 생각해요. 그뿐만 아니라 심리적으로도 많이 안정될 거예요. 남들보다 많이 알고, 남들보다 좋은 판단을 하고, 현명한 판단을 하니까요.

4~5년 전 제가 강연을 가서 곧 유튜브를 시작할 건데 자기계발 경제경영 유튜버 중 가장 유명한 사람이 될 거라고 했더니 사람들이 다 황당해하너라고요. 어쨌든 지금 저는 거의 그런 사람이 되었어요. 최근에는 종합 베스트셀러 1등이 될 거라고 하니 다들 비웃었어요. 근데 됐죠. 저는 제가 한국에서 가장 위대한 사상가나 작가가 되지 않을까 확신합니다. 여러분은 지금 그런 사람의 이야기를 읽으신 거예요.

지금까지 이상한마케팅 대표 자청이었습니다.

빅
퀘
스
천

자
청

'무자본 창업가'로 유명해진 저자는 2019년 20편의 영상으로 10만 구독자를 넘어서며 화제를 모은 후 미련 없이 유튜브 〈라이프해커 자청〉을 그만뒀다. 이후 본업인 온라인 마케팅 비즈니스를 비롯해 다방면으로 사업을 확장했다. 대표적으로 '이상한마케팅', '프드프', '아트라상', '큐어릴'부터 지분 투자로 참여한 '라이프해킹스쿨', '유튜디오', 오프라인 사업으로 '욕망의북카페', '인피니' 등이 있다. 이미 30대 초반 무렵에 어떤 일을 하지 않아도 월 1억 원씩 버는 자동 수익을 완성했으며, 소유한 자산으로 매년 20퍼센트 이상의 투자 수익률을 올리며 경제적 자유를 실현했다.

그러나 10대 때의 저자는 외모, 돈, 공부, 어떤 점에서도 최하위였다. 그러던 스무 살 무렵, '인생에도 게임처럼 공략집이 있다'는 사실을 깨달으면서 삶이 180도 바뀌기 시작한다. 200여 권의 책을 독파하며 얻은 치트키들을 활용해 창업에 연이어 성공한 것이다. 저자가 성공한 비즈니스 모델은 '초보가 왕초보를 가르치는 것'이다. 어느 분야든 저렴한 가격으로 도움을 받고 싶은 왕초보의 수요는 분명히 존재한다. 기본만 알아도 이들이 하는 일의 진척을 도울 수 있다. 이에 착안해 저자는 여러 비즈니스를 설계했다. 공통점은 투자비용 자체가 들어가지 않는 '무자본 창업', 그리고 일하지 않아도 돈이 들어오는 '자동화 수익'이다. 어느새 유튜버 '라이프해커 자청'이라는 캐릭터와 '무자본 창업'이라는 개념은 사람들의 고정관념을 깨는 상징이 됐다.

본문을 읽고 느낀 생각을 적어보세요.

빅퀘스천

인류를 지탱해온 오래된 물음

초판 1쇄 인쇄 2023년 5월 2일 **초판 1쇄 발행** 2023년 5월 12일	**글** 김병규·김은혜·나태주· 류재언·전영수·정호승· 최연호·자청(송명진)	**펴낸이** 백영희	
펴낸곳 ㈜너와숲	**주소** 04032 서울시 금천구 가산디지털1로 225 에이스가산포휴 204호	**전화** 02-2039-9269	**팩스** 02-2039-9263
등록 2021년 10월 1일 제2021-000079호	**ISBN** 979-11-92509-59-4(03300)	**정가** 18,000원	© (주)SBS미디어넷
이 책을 만든 사람들	**편집** 전혜영 **마케팅** 배한일	**제작처** 예림인쇄	**디자인** 글자와기록사이